새로운 무의식에서
새로워진 나를 찾아

라깡 분석치료

새로운 무의식에서
새로워진 나를 찾아

김종주 지음
라깡분석치료연구소

인간사랑

차례

들어가는 말

    정신분석을 시작하고 나서 언제부턴가 한국적인 정신분석이 있으면 좋겠다는 생각을 해봤습니다. 그러다가 우연히 라깡을 만났고 다산을 만나게 되었지요. 다산이 약 150년 전에 이미 라깡을 "예기"하고 있었다는 것을 깨달은 거예요. 예기는 라깡의 시간 개념을 구성하는 두 가지 축 가운데 하나죠. 또 하나는 역사에서 아주 귀중히 여기는 사후작용입니다.

    라까니언들을 만나면서 "다산학"의 필요성을 더욱 절감하게 되었습니다. 특히 다산의 주역과 대학에서 구조주의 언어학과 무의식적 지식인 사브와르savoir를 보게 되었습니다. 다산은 『대학』의 8조목을 6조목으로 줄여서 첫 단계를 성의

(誠意)로 보는데, 의(意)는 "마음속 깊이 숨겨진 생각中心之隱念"이라 풀이해요. 라깡의 개념으로는 "무의식적 지식"이죠. 2004년 뉴욕 컬럼비아대학에서 열린 라깡 모임에 참석했다가 제 아내와 함께 반스앤노블 서점에 들렀습니다. 거기서 *Why Psychoanalysis?*란 책을 발견하고서 서문을 읽은 다음 목차로 갔다가 "프로이트는 미국에서 죽어 있다"는 7장의 제목이 눈에 띄어 깜짝 놀랐어요. 아닌데, 한국에서는 지금 프로이디언이 대성황을 이루고 있는데, 죽다니?

루디네스코의 이 책은 구구절절 저를 설득시키고 말았습니다. 그런 책을 하나 쓰고 싶어졌어요. 그리고 15년이 흘렀습니다. 지금도 모자랍니다. 쉽게 쓸 수 있을 만큼 라깡을 제대로 이해하기란 불가능한 것 같습니다. 그래도 써야 하는 계기를 만나게 되었어요. 페이스북 친구인 어떤 라까니언이, 왜 한국에서 자살률이 제일 높으냐고 물어왔어요. 할 말이 없었어요. 오히려 한국엔 지금 각종 치료자들이 훨훨 춤을 추고 있는데 말입니다.

몇 년 전에 대한신경정신의학회에서 출간하는 공식잡지의 부록으로 각종 정신분석과 정신치료가 소개되었습니다. 라깡 정신분석이 빠져 있더라고요. 정신과의사들, 요즘엔 정신건강의학과 의사라고 부른답니다만, 그들이 이해할 만한 원고를 써주었더니 간행위원회에서 거절했습니다. 그 이유가 기막히죠. 1993년에 문학평론 신인상을 받으며 문단에 데뷔한 제 글이 문법에 맞지 않는답니다. 차라리 다른 이유였으면 좋았을 텐데.

지금 우리가 우울증 시대를 살고 있다는 것은 여러분들도 이미 잘 알고 있습니다. 프로이트가 살았던 19세기에서 20세기로 넘어가는 고비에는 히스테리가 유럽을 휩쓸었지만, 우리가 살고 있는 20세기 말과 21세기 초는 단연 우울증입니다. 우울증이 이 시대의 담론이 되어 우리를 지배하고 있어요. 어떤 분석가는 거대 제약회사의 최면 덕분이라고 말하죠. 어떻든 그 해결책을 찾는 일은 우리의 임무가 되었습니다.

한 가지 오해가 생길까봐 첨부해두고 싶은 말은 시치료, 독서치료, 문학치료보다는 우리 독자들에게 분석경험을 안겨주는 작품을 찾아내는 일이 우선일 것 같아요. 저는 이청준 선생님의 작품들이 저한테 분석가 역할을 해준다고 생각했어요. 라깡 덕분에 무의식이란 개념이 변했거든요. 피분석자 analysé가 아닌 분석수행자analysant와 분석가 사이 어딘가에서 말하고 있는 거시기ça가 바로 무의식이기 때문이죠. 처음에 말씀드렸던 다산학을 함께 공부해줄 분들이 필요합니다. 알 수 없는 일이죠. 언젠가 "다산 정신분석학"이 세계라는 무대에서 우아한 춤사위를 보여줄 날이 올 것만 같거든요! 함께 하고 싶습니다.

조르쟁의 『라깡』이란 책의 서문에 라깡은 "프로이트를 읽는 것 그 자체가 우리를 훈련시킨다."고 말합니다. 이 책이 라깡 정신분석으로 입문하는 데에 도움이 되었으면 해요. 매월 1·3주 토요일에 만나서 원고 속의 얘기를 함께 나누고 피드백을 서슴없이 건네준 몇몇 정신건강의학과 선생님들께 고마움을 전합니다. 이 원고를 기꺼이 검토해주신 〈인간사랑〉 여국동 사장님께 감사드립니다. 이젠 독자 여러분 앞에 저는 분석수행자로 섰습니다.

1장 새로운 무의식의 시대

"사람들은 슬픔을 우울증으로 규정짓는다."(라깡)

1. 우울증을 앓고 계세요?

오늘날 현대인들이 겪고 있는 정신적인 고통은 우울감의 형태로 나타납니다. 슬픔이란 감정에다가 아무런 흥미도 없는 무감동이 마구 뒤섞여 버린 이상한 증후군입니다. 이것이 현대인의 몸과 마음을 침범해 버렸습니다. 우울한 사람들은 그 어떤 치료도 믿지 못해요. 그러면서 욕망의 공허함을 떨쳐내려는 필사적인 노력을 경주하고 있어요. 그들은 이제

분석치료에서 약물치료로 옮겨갔습니다. 그러니까 불행의 근원에 대해서는 조금도 생각하지 않으려 해요. 루디네스코 교수는 『왜 정신분석인가?』라는 책의 제1부에 「우울한 사회」란 제목을 붙였습니다. 이 시대에 꼭 들어맞는 제목 같지요!

여가시간이 늘어난 데다 실업수당이 나오는 실업기간까지 겹쳐 더욱 더 자유로워진 사람들은 그런 무한한 자유 때문에 더욱 고통스러워지고 있습니다. 역설적인 현상이에요. 그런데 그 사람들은 자신이 남들과 아주 다르다고 주장합니다. 주체의 시대는 쇠락해가고 있는데, 그 대신에 개인의 시대가 그 자리를 차지하게 되었습니다. 자신이 타인들과 진정으로 다르다는 특이성을 확인하지도 않으면서 네트워크와 집단과 군중들과의 공동체 속으로 흡수되어 버리고 있습니다.

정신약물학자들은 영혼의 고통을 일으키는 원인이 두뇌에 있다고 믿습니다. 그에 따라 화학요법이 뇌의 원인에 적중된다고 해서 더욱 효과적이라 생각해요. 그런 항우울제의 유용성에 이의를 제기하려는 것은 아닙니다. 하지만 사유를 단지 신경세포인 뉴런의 활동으로 바꿔놓고 욕망을 화학분비물과 동일한 것으로 여기는 태도는 반계몽주의적인 것입니다.

한때 우리나라의 많은 의대교수들이 해마다 참석하는 미국정신의학회 학술대회에서는 아침에 훌륭한 도시락까지

나눠주는 명강의가 벌어집니다. 대개 세계적으로 저명한 정신약물학자가 등장해서 슬라이드만 비쳐줘도 새로운 항우울제가 얼마나 효과적인지 세뇌되어 버리죠. 자기최면에 걸린 교수들은 귀국해서 환자들을 우울증으로 진단하고 바로 그 약물을 처방하게 되죠. 거대한 제약회사가 교수와 민중들을 유혹하고 정보를 왜곡해서 더욱 강력한 힘을 발휘하게 됩니다. 그러한 권력의 주체가 빅 브라더죠! 그런 막강한 권력에 맞서려면 정신분석이 제 자리를 굳건히 지켜줘야 할 거예요.

요즘 환자들은 오로지 생물학적인 존재가 되어 이름도 필요 없는 무명의 존재로 치료되고 있을 뿐입니다. 그들은 클론처럼 한 덩어리로 분류되어 그들의 증상이 무엇이든 동일한 약물로 처방되고 있어요. 한편으로 그들은 소위 과학적 의학에 의지하면서 자신의 정체성을 인정해줄 것 같은 대체의술의 미궁 속으로 빠져들고 있습니다.

르네 마조르는 약 45년 전에 프랑스의 젊은 지성들이 기존의 정신분석학의 도그마와 경직성을 해체시키면서 국제정신분석협회(IPA)의 관료주의에 대결하는 모습을 보였다고 말합니다. 그 당시 정신분석의 살아있는 마지막 위대한 스승인 자끄 라깡은 새로운 정신분석이란 출산의 고통을 겪어내고 있었습니다.

2. 새로운 무의식

"무의식은 언어처럼 구조화되어 있다"(라깡)

정신분석학은 무의식의 발견을 기초로 하여 지그문트 프로이트가 시작한 임상이고 이론입니다. 조금 더 자세히 말해보면,

(1) 무의식적 정신과정을 탐구하는 방법이고,
(2) 신경증적 장애를 치료하는 방법이며,
(3) 정신과정에 관한 이론입니다.

프로이트는 **무의식**이란 용어를 두 가지로 나눠 사용하고 있습니다. 형용사로서의 무의식은 단순히 주어진 순간에 주체의 의식적인 주의력이 없어져 버린 정신과정을 나타냅니다. 이것은 비의식적(nonconscious)이라고 부릅니다. 우리말로는 "자신도 모르게" 또는 "부지불식간에"라고들 하죠. 그에 비해 명사로서의 무의식은 정신구조의 첫 번째 이론인 **지형학적 모델** 가운데 하나를 가리키는 거예요. 그러니까 마음은 의식·전의식·무의식이란 세 가지 정신적 세계나 구역으로 나뉘는

겁니다. 무의식의 영역은 단지 주어진 시간에 의식의 영역 밖에 있는 그런 것이 아니죠. 억압에 의해 의식으로부터 분리되어 있어서 왜곡되지 않고서는 의식-전의식 영역으로 들어갈 수 없는 겁니다. 프로이트의 정신구조에 관한 두 번째 것이 구조이론입니다. 거기서는 마음이 자아·초자아·이드라는 세 가지 기관으로 나뉘어 있어요. 하지만 여기서는 그 어느 것도 무의식과 동일하지 않아요. 자아와 초자아도 무의식적인 부분을 갖고 있기 때문이에요. 이런 이야기는 흔히들 들어봤을 겁니다.

이러한 무의식이 자끄 라깡에 의해 새롭게 단장됩니다. 라깡은 1901년에 파리에서 태어나 1981년에 돌아가신 프랑스의 정신과의사이자 분석가입니다. 그는 1950년대에 프로이트로의 회귀를 시작하면서 본능의 자리로 알려진 무의식을 새롭게 들여다봤습니다. 무의식이 단순히 의식의 반대가 아니라는 겁니다. 뿐만 아니라 라깡은 무의식을 억압된 피억압물과 동일하게 볼 수 없다고 말해요. 라깡은 프로이트의 추종자들이 무의식을 단순히 본능의 자리로 바꿔놓는 잘못을 저질렀다고 통렬하게 비판합니다. 무의식이란 원초적인 것도 아니고 본능적인 것도 아니라는 거죠. 무의식은 원래부터 언어적이라고 주장합니다.

라깡의 정신분석은 언어학과 구조주의에 밀접하게 관련되어 있습니다. "무의식은 언어처럼 구조화되어 있다"라는 유명한 말에 잘 요약되어 있어요. 라깡은 일곱 번째 세미나인 『정신분석의 윤리』에서, "우리는 무의식이 말로 표현되어 그 부분이 설명될 때 비로소 무의식을 파악할 수 있을 뿐"이라고 주장합니다. 그처럼 라깡은 자신의 언어학적 접근을 정당화하고 있습니다.

하지만 이런 말들이 머리로는 이해될지 몰라도 마음에 들어오는 것이 별로 없어서 조금 아쉬울 겁니다. 여기에 **시니피앙**이란 용어가 필요해져요. 인문사회학에서 말하는 기표와는 그 뜻이 다릅니다. 라깡의 시니피앙은 시니피에 위에서 떠도는 혼백처럼 정처 없이 헤매고, 시니피에는 시니피앙 밑에서 무한히 미끄러져 갑니다. 구조주의 언어학에서 말하는 것처럼 시니피앙과 시니피에는 일대일로 순조롭게 만나서 의미를 만들어내지 못해요. 라깡은 이런 시니피앙의 정신분석을 하고 있습니다. 주체에 미치는 시니피앙의 효과가 무의식이죠. 시니피앙은 억압된 것이며, 증상과 농담과 실수 그리고 꿈과 같은 **무의식의 형성물**로 되돌아오게 됩니다.

무의식은 상징계의 기능으로 구조화되어 있습니다. 나중에 자세히 알려드리겠지만 상징계는 언어와 구조로 이뤄진

정신 영역이죠. 무의식은 그런 상징계에 의해 주체를 결정하게 됩니다. 무의식은 일생 동안 주체를 결정해왔던 시니피앙의 상징적 역사라는 의미에서 기억의 일종인 거예요. 무의식은 내면적인 것이 아닙니다. 그와는 반대로 말과 언어가 주체 상호 간의 현상이기 때문에 무의식은 초개인적인 거죠. 다시 말해 무의식은 **외면적인** 거예요. 인간과의 관계에서 상징계의 이런 외면성이 바로 무의식의 개념인 겁니다.

진료실에서 의사와 환자 사이에 무의식이 형성됩니다. 그러니까 네 무의식이나 내 무의식이 없고 우리 무의식도 없어요. 둘 사이에 형성되는 유일한 무의식이죠. 무의식이 언어로 구성되어 있기 때문에 바로 그 무의식이 말을 하는 거예요. 라깡은 "거시기가 말한다"(ça parle)고 표현합니다. 거시기의 말이 환자의 입과 치료자의 입이란 스피커로 나와서 우리 귀에 들리는 겁니다. 만일 무의식이 내면적인 것으로 보인다면, L도식이 보여주는 것처럼 주체(S)와 대타자(Autre)의 관계를 가로막고 대타자의 메시지를 뒤집어엎는 상상계(a-a')인 자아-타자(moi-autre)의 결과라고 해요.

무의식은 우리의 어떤 행동도 그의 영역 밖에 두지 않아요. 무의식의 법칙은 반복과 욕망의 법칙이고 구조 자체로서 어디에나 존재해요. 그러니까 무의식은 환원 불가능해서 분석의 목표를 무의식의 의식화에 둘 수 없다는 겁니다.

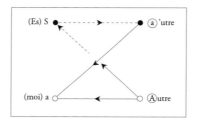

〈그림 1〉 L도식

　　요즘엔 이런 **무의식**이란 용어도 잘 살펴서 읽어야 할 것
같아요. 독일 베를린 예술대학교의 한병철 교수는 「우울사회」
란 글에서, 프로이트의 무의식은 부정과 억압이란 부정성이
지배하는 규율사회의 산물이라고 주장합니다. 따라서 후기근
대적인 성과사회에서는 더 이상 그런 무의식이 없다고 주장해
요. 우리는 이미 오래전에 그런 사회를 떠난 거라고까지 말하
죠. 철학적으로는 그렇게 보일지 몰라도 정신분석에서는 무척
무모한 발언처럼 보입니다. 왜냐하면 브루스 핑크 교수는 "정
신병에는 억압이 없고, 따라서 엄밀히 말해 무의식이 없다"고
말하기 때문이죠. 우리는 아직 우리 자신을 정신병으로 생각
하지 않기 때문이에요. 몇 년 전 인문학 포럼에서 발표할 때까

지는 그렇게 생각했어요. 이제는 생각이 바뀌었습니다. 한 교수의 무의식이란 개념은 소위 프로이트학파라는 사람들의 무의식이라는 거에요. 그 사람들은 이제 그런 무의식을 거의 다루지 않습니다. 오직 방어에만 초점을 맞추고 있으니까 그런 무의식이 없다고도 말할 수 있지 않을까요?

3. 의식이란 무엇인가?

초심리학 논문집에 꼭 포함되어 있을 것 같은 의식에 관한 프로이트의 논문은 불행하게도 거기서 찾아볼 수 없습니다. 그러다보니 의식에 관한 프로이트의 견해는 처음부터 불완전하게 알려져 있을 뿐이에요. 어찌 보면 정신분석에서 당연히 알고 있을 것 같은 의식에 관한 지식이 처음부터 애매해져 버린 셈이죠. 의식에 관해서는 여기저기 산재해 있는 프로이트의 글로부터 재구성할 수밖에 없습니다.

마음의 자리가 가슴이나 심장(心臟, heart)이 아니라 뇌라는 것은 당연한 생각입니다. 지금 현재 이 세계에서 우리 자신이 되는 우리의 느낌을 만들어내고 있는 곳은 바로 두뇌예요. 여기서 물질이 어떻게 마음으로 되어 가는지, 그걸 이해해 보려는 것이 바로 심신문제인 겁니다. 과학의 출현으로 심신문제를 흔히 의식의 문제로 바꿔놓았는데, "마음은 어떻게 뇌에서 출현하는가?"라는 질문은 "의식은 어떻게 뇌에서 출현하는가?"라는 질문이 되어버렸어요. 철학자인 갤런 스트로슨은 『정신적 실재』라는 책에서 "마음이란 무엇인가?"라는 질문에 마음과 의식은 동의어라고 결론지었네요. 이러한 생각은 벌써 불교의 유식론에서 찾아볼 수 있습니다. 우리가 일상적으로 흔히 말하는 마음은 **제육의식**(第六意識)이라 생각해도 괜찮을 것 같아요. 의식이란 용어를 불교에서 빌려왔을 법하거든요. 그러나 불교의 마음은 전오식(前伍識)과 의식, 제7식, 그리고 제8식인 아뢰야식까지 포함시킵니다. 약 100년 전에 당시의 신경과의사였던 프로이트도 마음이 의식과 동의어라는 주장에 대해 강력히 반대했던 것입니다.

흔히 정신의학에서는 의식을 마음 가운데 빙산의 일각으로 비유하죠. 조그만 한 모서리를 물위로 띄우려면 그 크기를 알 수 없는 거대한 빙산이 물속에 잠겨 있어야 한다는 거예요. 물속에 잠겨 있는 우리 마음의 일부분이 전의식이지만 그 대부분은 무의식을 가리킵니다. 어떤 정신분석사전에서 의식은 알아차리고 있는 상태와 자기-인식의 능력으로 간단히 정의되어 있어요. 물론 알아차리고 있는 상태는 수면이나 마취

상태와 대비되고, 자기인식의 능력은 다른 동물들과 대조해서 인간만이 소유하는 것이란 단서를 붙입니다.

프로이트는 의식적인 것이 모든 연구의 출발점이 된다고 말했습니다. 그러나 정신분석은 의식·전의식·무의식이란 세 가지 정신영역을 받아들여야 의식의 심리학으로부터 더 높은 단계로 나아갈 수 있다고 해요. 라깡은 프로이트가 정신기구의 다른 부분들에 대해서는 일관되고 균형 잡힌 설명을 하고 있다는 거예요. 그에 비해 의식의 문제에 대해서는 언제나 상호모순적인 조건에 직면하게 되더라는 것입니다. 라깡에 의하면 충분히 자명한 의식이라는 것이 모든 정신분석 경험에 의해 뒤집혀진다고 말할 수 있어요. 결국 정신분석에서는 무의식을 통해 마음의 흐름을 살펴볼 수밖에 없다는 겁니다.

4. 이드와 거시기

> 거시기: 바로 말하기 곤란한 사람 또는 사물을 가리키는 대명사
> (네이버 국어사전에서)

이드는 정신분석을 맨 처음 지지한 독일 최초의 정신과

의사였던 게오르크 그로데크의 그것(das Es)에서 프로이트가 빌려온 용어라고 해요. 그로데크는 자아라는 것이 삶 속에서 수동적으로 행동하며 통제할 수 없는 힘에 의해 살아지고 있다고 생각했어요. 프로이트는 그 생각에 마음이 끌리고 있었답니다. 그로데크는 그 힘을 그것이라 불렀죠. 『정신분석의 어휘』라는 사전에는 이드가 프로이트의 첫 번째 모델에 나오는 무의식과 대충 일치하는 것이라고 설명해요. 하지만 두 개념 사이에는 중요한 차이점이 있지요. 무의식이 **억압된** 것과 일치한다는 거예요. 그러나 이드는 무의식에 포함되어 있는 것이 아닙니다. 리비도나 욕동의 에너지가 저장되어 있는 커다란 창고 같은 것으로 생각되었어요. 그러니까 자아와 이드는 그 경계가 명확하게 구분되어 있지 않아요. 자아의 아랫부분이 이드와 합쳐져 있다고 봤던 거예요. 자아는 이드의 일부분에 지나지 않는다고 하죠. 의식-지각 체계의 매개를 통해 외부 세계의 직접적인 영향으로 이드의 일부가 변경된 것이 자아라고 봤던 겁니다. 그렇다면 초자아도 완전히 자율적인 심급은 아니죠. 초자아는 그 대부분이 무의식적이고 이드 속에 합쳐져 있는 겁니다. 심급이란 용어는 법원의 삼심제도에서 말하는 제1심, 2심, 3심 같은 겁니다.

하지만 라깡의 생각은 달라요. 우리는 이미 L도식에서

Es가 주체를 의미하는 S의 괄호 속에 들어 있는 것을 봤어요. S의 발음이 [es]니까요. 라깡은 알 수 없고 통제할 수 없는 이드의 힘이 원초적인 본능적 욕구가 아니라고 합니다. 언어학적인 용어로 이해되어야 한다는 거예요. 분석이 관여하는 Es라는 것은 실재계에 이미 존재하는 시니피앙으로 구성되어 있는데, 그것은 이해할 수 없는 시니피앙이라는 겁니다. 그러니까 "말하기 곤란한" 것이죠. 따라서 라깡은 이드를 언어의 무의식적 근원으로 생각하고 있어요. 상상적 자아를 넘어선 상징적인 거시기(ça)라고 여기는 거예요. 그로데크는 "나는 살고 있다"(I live)라는 말이 조건부로만 옳을 뿐이라면서, "나는 거시기에 의해 살아지고 있다"라는 근본원리의 겉 부분이라고 말해요. 라깡은 "나는 말한다"(I speak)라는 말이 "인간은 거시기에 의해 말해지고 있다"라는 근본원리의 겉 부분일 뿐이라고 하죠. 라깡이 이드에 대해 말할 때 흔히 사용하는 문장은 "거시기가 말한다"(le ça parle)는 겁니다.

이드를 설명해주고 정신분석 치료와의 관계도 보여주는 프로이트의 가장 유명한 말은 독일어로 "Wo Es war, soll Ich werden"입니다. 1991년 파리에서 열린 라깡 선생 서거 10주년 학술대회 만찬장에서 같은 테이블에 앉은 독일 친구가 자기네들 그룹의 이름이 〈보 에스 바르〉라고 하더군요. 부러웠어요. 프로이트 전집을 영어로 번역한 제임스 스트레이치는 "Where id was, there ego shall be"라고 아주 깔끔한 영어로 번역했습니다. 지금까지 이 수수께끼 같은 말은 의식의 영역을 확장시키는 것이 분석치료의 임무라는 뜻으로 읽혀져 왔어요. 하지만 라깡은 이런 독해를 정면으로 반대하고 나섭니다. 라깡은 soll을 윤리적인 명령으로 이해해야 한다고 주장해요. 그러니까 분석의 목표는 자아로 하여금 상징계의 자율성에 복종토록 하는 것이라 하죠. 라깡은 프로이트의 이 말을 다음과 같이 번역합니다. "거시기가 있었던 그곳에, 혹은 어느 누구가 있었던 그곳에 내가 가있어야 하는 것이 내 의무다."

의식적인 것이 모든 연구의 출발점이 될지는 몰라도 지금까지 알려진 정신분석적 지식에 의하면, 마음의 흐름은 마음의 대부분을 차지하는 무의식부터 살펴보는 것이 우선적인 일이죠. 특히 잘 알려진 프로이트의 사례를 읽어보면 환자의 마음을 들여다볼 수 있을 것 같아요.

2장 프로이트의 도라와 라깡

1. 연애소설 같은 도라 사례

　　프로이트의 히스테리 환자였던 도라 사례는 요즘의 로맨스 소설로 읽어도 손색이 없을만한 작품입니다. 이 사례를 읽다보면 프로이트가 어떻게 괴테문학상을 받았는지 알만합니다. 비록 환자의 이야기지만 도라의 증상이 형성되는 무의식의 흐름을 읽을 수 있고, 무의식으로 가는 왕도인 꿈 분석까지 곁들일 수 있어서 더욱 좋은 사례가 되죠. 더구나 우리는 도라의 마음을 읽어가는 프로이트의 마음도 읽어볼 수 있고, 이런 도라 사례 덕분에 프로이트를 재해석하는 라깡의 귀중한 정신분석 개념에도 접근해볼 수 있어요.

스티븐 마커스의 「프로이트와 도라: 이야기, 역사, 사례 사」라는 논문이 매우 흥미롭습니다. 특히 그는 논문의 제목 가운데 "Story, history, case history"라는 부제를 붙였는데, 거기서 짐작할 수 있듯이, 프로이트는 위대한 작가이고 도라 사례는 위대한 문학작품이라는 겁니다. 도라 사례는 많은 페미니스트들의 관심을 끄는 작품이지만, 마커스의 말로는 프로이트의 사례들이 문학비평의 관점에서 보기에도 유용한 작품이 된다고 해요. 이 작품의 중심 등장인물이 도라라기보다는 오히려 프로이트라고 보는 관점이 매우 흥미롭습니다.

도라는 1900년 가을에 프로이트에게 석 달 동안 분석치료를 받은 히스테리 환자죠. 그녀의 본명은 이다 바우어, 1882년 11월 1일생. 정신분석을 시작할 당시 도라의 나이는 열여덟 살이었어요. 주된 증상은 몹시 심한 발작적인 기침이고 목이 쉬어 목소리가 나오지 않는 무성증까지. 특히 그녀의 목소리는 아빠의 친구인 K씨가 여행을 떠나 집에 없는 동안에는 나오지 않다가 되돌아올 때쯤에는 좋아지는 묘한 우연의 일치를 보이고 있었어요.

도라의 아버지는 직물공장을 두 개씩이나 운영하는 매우 부유하고 활동적인 사업가였죠. 성격도 쾌활하고 지성미를 갖춰 매력적인데다 사교성도 풍부한 사람이었다고 해요.
아주 어릴 때부터 도라는 아빠와 친했습니다. 아빠가 아플 때
도 병간호는 도라가 도맡아 했으니까요. 아빠도 도라가 간호
해주길 바랐답니다. 도라의 아버지는 점점 시력을 잃어가는
망막박리라는 병을 앓고 있었고 더구나 결혼 전에 얻은 매독
이 머리에까지 번져서 잠시 동안 정신이상을 보였어요. 그때
아빠의 친구인 K씨의 소개로 프로이트에게 치료를 받은 일이
있었죠. 그런 인연으로 도라가 자꾸 정신을 잃고 쓰러지면서
자살기도까지 하게 되자 아빠는 프로이트 선생에게 도라의
치료를 부탁한 겁니다.

2. 도라의 사랑 이야기

　　도라의 아버지가 폐결핵을 앓게 되어 날씨가 좋은 남쪽
휴양도시로 이사를 가게 됩니다. 그곳에서 그녀는 K씨네 가
족과 친하게 되죠. 그리고 그곳에서 이상한 일들이 벌어지기
시작해요. K부인이 자청해서 아버지의 병간호를 도맡게 된 거
죠. 그 대신 도라는 K씨의 두 아이들을 돌보게 돼요. 처음부
터 도라는 아빠와 K부인의 관계가 심상치 않음을 알고 있었

대요. K부인이 마치 아빠의 정부 같았다고 하니까요. 도라도 K씨가 좋아졌다고 하죠. K씨가 여행 중일 때 도라는 편지를 띄우고 K씨도 답장을 보내다가 돌아올 때에는 도라에게 선물도 사다주곤 했어요. 이렇게 해서 도라와 K씨 간에 이상한 기운이 싹트고 있었다고 하네요. 이때 도라는 아빠가 K부인과 자신을 맞바꾸려는 심산에서 자신을 K씨에게 주고 싶어 하는 것은 아닌지 의심을 품게 됩니다. 이런 의심 때문에 도라의 증상이 더욱 심해져서 결국엔 프로이트에게 치료를 받게 된 거죠.

사실 도라가 발작적인 기침을 보이기 시작한 것은 벌써 여덟 살부터였어요. 폐결핵으로 휴양 중이던 아버지가 의사의 권고를 무시하고 여행을 떠났을 때 도라는 혼자서 산에 올라갔다가 천식을 앓기 시작했다는군요. 열두 살 때에는 리드미컬한 기침을 보이기 시작했는데, 이 증상은 프로이트에게 분석을 받을 때에도 계속되고 있었어요. 그런데다 열네 살의 도라가 K씨와 키스를 하고난 뒤로 음식을 몹시 싫어하는 또 하나의 증상이 첨가되었죠.

열여섯 살 때 도라는 K씨의 따귀를 때린 적이 있었는데, K씨가 줬던 담배 한 개비를 태우고 나서 그랬답니다. 이때 프로이트가 흥미를 갖고 있던 첫 번째 꿈이 나타난 거예요. 이런 모든 증상들이 도라의 무의식에 자리 잡고 있는 성적인 의미와 관련된다는 것이 프로이트의 해석입니다. 이런 정신분석은 탐정소설과 비슷하죠. 어떤 결과를 가지고 그 원인을 찾아가는 과정이 너무나 흡사하기 때문이에요. 분석가를 탐정에 비유하기도 해요. 프로이트라는 탐정은 도라의 사랑 이야기를 정신·성 발달단계에 초점을 맞춰 풀어가고 있어요.

도라는 칠팔 세까지 계속해서 야뇨증을 보였답니다. 프로이트는 이러한 야뇨증을 자위행위와 연결시켜요. 말하자면, 쾌락의 원천으로 손가락 빨기를 대신해서 자위행위를 하게 되었다는 거죠. 그만한 어린아이들이 성적인 긴장을 푸는 방법으로 오줌 누는 일 말고는 달리 뾰족한 수가 없다고 하네요. 물론 도라에게는 자위행위의 기억이 전혀 없답니다. 도라의 기억으로는, 야뇨증 때문에 매일 밤 잠든 사이에 아빠가 찾아와서 오줌을 누고 자게 하려고 잠을 깨웠다는 거죠. 잠자리가 축축해져 도라가 불편해지지 않도록 신경써주는 아빠의 마음을 모르는 바는 아닙니다. 그러나 그런 식으로 아버지가 도라의 잠을 깨운다는 사실을 도라는 관찰당하는 것으로 해석할 수도 있다는 거예요. 그건 도라의 자위행위에 대한 감시가 되니까요.

하지만 우리의 명탐정 프로이트는 우리가 상상하지도

못했던 장면에 착안합니다. 도라는 밤마다 자기 방에 들어오는 아빠의 발기된 성기를 보았을 거라는군요. 그 당시에 프로이트는 거세 콤플렉스에 착안하고 있던 시절이었으니까 충분히 그렇게 생각할 만하죠. 여자아이가 남녀의 성 차이를 알게 되면 곧바로 자위행위를 그만두게 된답니다. 자신이 여자라는 사실을 알게 된 도라는 성기를 기다리게 되고 누군가가 성적으로 자극해주길 바랄 수도 있다고 해요. 다시 말해서, 수동적인 자세로 바뀌는데, 이런 현상을 **수동적인 오이디푸스 콤플렉스**라고 불러요. 이런 수동적인 자세는 젖 먹던 어린 시절의 기억 때문에 더욱 확고해져요. 그땐 엄마의 젖으로 만족을 할 수 있었죠. 도라는 이젠 자신이 직접 만족을 구해나서는 것이 아니라 아빠가 만족시켜주길 바라는 거랍니다. 깜깜한 밤에 잠에서 깨어나 자리에 그냥 누워 있는 채로 아빠가 오길 기다리는 거죠.

3. 도라의 히스테리 증상

도라는 여덟 살이 되면서 분명한 변화를 보였습니다. 야뇨증을 그만둔 것도 그때였고 자위행위도 그만두게 되었답니다. 도라는 사내아이였다가 이젠 여자아이로 변모된 거죠. 다시 말해, 말괄량이에서 점잖고 조용한 아이로 변한 겁니다. 그러한 변화는 그 당시의 중류가정에서는 당연한 일이지만 도라에게는 오히려 그런 변화가 바로 노이로제의 발단이 되었다는 거예요. 정상적인 소녀에게는 수동적 오이디푸스 콤플렉스가 점차 사라지기 마련이랍니다. 왜냐하면 아빠의 성기를 기다린다는 것이 말짱 헛것이라는 사실을 깨닫기 때문이죠. 도라는 수동적인 소망을 병적으로 드러내 보였다고 해요. 이런 경우에는 자신의 소망을 억눌러버리기 위해 어떤 전환이 필요해져요. 도라는 감정의 전환으로 바꿔버리는데, 말하자면 쾌감을 불쾌로 바꿔버린 겁니다. 도라는 아빠가 성적으로 자극해주길 바라는 소망을 포기하죠. 오히려 누가 됐든 성적으로 접근해오면 불쾌해지고 또 불안하기까지 합니다. 아빠에 대한 기대가 컸던 만큼 욕구불만도 강렬하게 느낄 수밖엔 없어요.

아빠가 도라의 손가락 빨기를 그만두게 했을 때, 도라는 불안해하면서 다른 소망으로 대체하고 있었어요. 도라가 여덟 살 때 보이기 시작한 발작적인 천식 증상도 마찬가진데, 이런 증상들은 몇 가지 이득을 가져다줘요. 우선 **대리만족**을 구해줍니다. 할 수 있는 한 원래의 소망과 비슷하게 닮은 그런 증상을 택하게 되는 거예요. 주위 사람들에게 관심을 끌기도

33

하고 또 심리적으로 지지해주는 그런 부수입이죠. 이걸 이차성 이득이라 해요. 뿐만 아니라 원래부터 지닌 소망 때문에 생겨난 죄책감이 증상으로 변해서 자신에게 벌을 내립니다. 고통스런 증상을 앓게 하는 거죠. 그 바람에 죗값을 치르는 거구요. 이렇게 본다면 어떤 증상을 내보인다는 것은 타협하게 되는 것을 의미해요. 이런 히스테리 환자가 선택하게 되는 증상은 그 나름대로 몇 가지 특징들을 보여줍니다. 우선 원래의 소망을 완전히 거꾸로 뒤집든가 그 소망과 반대되는 쪽을 유난히 강조해서 나타내 보이죠. 이런 방식을 **반동형성**이라 부릅니다. 그렇게 해야만 원래의 소망을 철저히 감출 수 있기 때문이에요.

그렇더라도 프로이트 같은 명탐정에게는 허술한 구석을 보여주기 쉽습니다. 그 부분을 헤집고 들어가 원인 규명하는 작업이 그 당시의 정신분석이었어요. 도라가 앓고 있는 히스테리 증상들 가운데 가장 특징적인 증상은 누군가를 닮아서 생긴 거죠. 이런 마음의 흐름을 **동일시**라고 불러요. 그러니까 집안 식구들 가운데 한 사람이 이미 도라의 기침과 비슷한 증상을 앓고 있었다는 이야깁니다. 그 사람이 바로 도라의 아버지였어요. 사랑하는 사람을 닮게 된다는 거죠.

하지만 도라의 기침에서 보이는 것처럼 히스테리 증상이

반드시 사랑하는 사람의 증상을 동일시하는 것만은 아닙니다. 도라는 라이벌로 느끼고 있던 어머니라든가 K부인이 앓고 있던 증상의 특징도 동일시하고 있어요. 어머니와 K부인은 각자 남편의 여행일정과 일치해서 히스테리 증상을 내보이고 있었어요. 남편들이 여행 중일 때는 아무런 증상도 보이지 않다가 그들이 집으로 돌아오기만 하면 갑자기 몸이 아파지는 거예요. 그 까닭이야 남편과의 부부관계를 피할 목적인 셈이었죠. 도라의 작전은 정반대 방향으로 활용되고 있었어요. 마음속 깊은 곳에서 아버지 대신 사랑했던 K씨가 여행을 떠나고 없으면 목소리가 나오지 않았다고 해요. 이렇게 해서 K씨에게 보낼 편지를 쓰는 일에만 열중할 수 있는 거죠. 그랬다가 K씨가 돌아오면 언제 그랬더냐 싶게 목소리가 터지면서 말할 수 있게 됐답니다. 히스테리 증상이 보여주는 참으로 오묘한 일치죠.

도라의 기침이 발작적이면서도 리드미컬하게 된 것은 열두 살 때부터였어요. 프로이트는 리듬을 보이는 도라의 기침에 주목하면서 참으로 희한한 해석을 내립니다. 그것이 바로 K부인을 닮았다는 설명인데, 정작 K부인은 기침을 하지 않거든요. 그렇다면 무엇을 닮았단 말일까요? K부인은 자진해서 도라의 아버지를 간호하겠다고 나선 사람입니다. 도라의 눈엔 그 두 사람 사이가 처음부터 심상치 않아 보였던 거예요. 하지만 그 당시 도라의 아버지는 이미 정력이 쇠퇴해진 상태라서 정상적인 방법으로는 성관계를 갖기 어렵다는 것을 도라도 알고 있었다고 해요. 그렇기 때문에 K부인이 입으로 도와줬을 거라는 추측이 가능해지는 거죠. 실제로 그런 일이 있었든 말든 프로이트는 아버지의 성기를 입안에 넣고 있을 K부인의 이미지를 도라가 욕망했던 것으로 봤습니다. 이런 환상을 감추기 위해 도라는 어렸을 때 손가락을 빨던 기분 좋은 기억과 오빠의 귓불을 만지던 즐거운 기억이 장막기억으로 되살아났던 거예요. 그렇다면 **구강성교**를 하는 K부인에 대한 환상이 리드미컬한 기침을 발작적으로 일으켰다고 보는 일이 가능해지죠. 마치 입과 목구멍 속에서 리드미컬하게 움직이는 음경의 흉내라는 설명인 거예요.

증상은 그 증상을 앓고 있는 환자를 처벌하는 기능도 함께 가지고 있다고 해요. 따라서 도라의 기침은 성적인 욕망을 가진 도라를 처벌해주는 셈이고, 또 아버지와 함께 있는 K부인의 위치를 차지해보려는 도라의 소망에 대해서도 처벌하는 거예요. 그로부터 2년이 지난 후에 K씨가 도라에게 갑자기 달라 들어 키스를 하고 난 뒤로 도라가 오랫동안 음식만 봐도 메스꺼워했던 증상과 서로 통하는 거죠. 뿐만 아니라 그 뒤로 또 2년 후의 일이지만, K씨가 도라에게 결혼하고 싶다고 말했을 때 도라가 K씨의 뺨을 후려치고 달아났는데, 그때 마침 도라는 K씨가 줬던 담배 한 개비를 피우고 난 후라고 했어요. 프로이트는 이런 일까지도 도라가 지닌 **구강성**의 영향으로 봤습니다.

4. 도라의 꿈 분석

프로이트가 도라 사례를 출판해보고 싶었던 까닭은 사실 꿈 해석이 실제로 분석치료에서 어떻게 쓰이는지를 보여주고 싶었기 때문이라는 거예요. 프로이트가 시행했던 꿈 해석은 분명히 일반사람들이 알고 있는 해몽과는 전혀 다른 거죠. 도라가 꾸었던 꿈 두 토막을 분석해보면 도라가 지니고 있던 병적인 자료들을 찾아낼 수가 있어요. 〈불난 집〉이란 제목을 붙여줄만한 첫 번째 꿈은 여름방학 동안에 꾼 꿈이죠.

"집에 불이 났어요. 아버지는 내 침대 곁에 서서 날 깨우고 있었어요. 나는 재빨리 옷을 입었죠. 어머니는 머뭇거리면서 보석 상자를 챙기고 있었고요. 그때 아버지는, '나는 당신의 보석 상자 때문에 나와 두 아이들을 불에 타 죽게 할 수는 없소'라고 말했어요. 우리는 서둘러 아래층으로 내려왔죠. 집 밖으로 나오자마자 나는 잠을 깼어요."

아버지가 잠든 도라를 깨워 불을 피해 집밖으로 도망치려고 하는데, 어머니는 보석 상자를 챙기느라 머무적거리는 그런 꿈 내용이죠. 꿈에는 두 가지 소망이 담겨져 있어요. 무의식의 소망과 잠재의식의 소망이에요. 무의식의 소망이란 꿈을 만들어내고 싶어 하는 **자본가**에 해당하고, 잠재의식의 소망은 꿈을 직접 만드는 **건축가**인 셈이죠. 대개는 이 둘의 소망이 비슷한 법이지만 도라의 경우에는 서로 반대로 나타나고 있어요. 무의식에 억압되어 있는 도라의 소망은 아버지로부터 사랑을 받아내고 싶어 하는 **수동적인 오이디푸스 콤플렉스**입니다. 반면에 잠재의식에 깔려있는 도라의 소망은 이러한 무의식의 소망에 히스테리라는 옷을 입혀 반대로 내보인다는 거예요. 잠재의식의 소망을 분석해내기란 그리 어려운 일이 아니죠. 잠재의식에서 도라는 K씨가 성적으로 추근거릴까봐 두려워하고 있었어요. 그래서 도망치고 싶다는 내용으로 나타난 거죠. 프로이트는 이 부분에 대해서 이렇게 설명해주고 있습니다. "이 집에서 빨리 도망쳐야 할 거야. 왜냐하면 여기에 있다간 내 처녀성이 위태로워질 거라는 것을 알기 때문이지. 아빠가 가실 때 나도 함께 떠나야겠어. 아침에 옷을 입을 때도 놀라지 않도록 조심해야겠지."

　도라의 무의식에 깊이 숨겨져 있는 수동적인 오이디푸스 콤플렉스는 꿈속에서 다르게 나타납니다. 아버지와 딸은 한 통속이고 어머니가 오히려 그들을 불에 타 죽게 하려는 거로 군요. 꿈속이 아니라 실제로 도라는 아버지가 엄마에게 선물한 물방울 같은 진주를 무척 좋아했는데, 엄마는 그 선물을 헐뜯기만 했다는군요. 어머니는 그 물방울을 분비물이나 감염이랄지, 더럽히는 것과 같은 부정적인 의미로 받아들인 거예요. 왜냐하면 도라의 어머니는 아버지에게 옮은 성병을 앓고 있었기 때문이죠. 하지만 도라에게는 그 물방울 같은 진주가 받는다는 뜻에서 긍정적인 의미를 띠고 있었어요. 어렸을 때 도라가 받은 것은 엄마의 젖이었지만, 이제 무의식 속에서는 여자들이 성교 중에 받는 남자의 정액 같은 것이라고 해요.

　꿈속에서 도라의 침대 곁에 서서 잠든 도라를 깨웠던 사람은 도라의 아버지였어요. 그러니까 도라의 소망을 충족시켜 주는 사람도 아버지란 뜻이에요. 여기서 도라의 소망이란 꿈 꾸기 전에 K씨가 실제로 도라에게 해줬던 것, 다시 말해, 보석 상자를 선물로 주었던 거죠. 도라는 그 선물에 대해 성적으로 보답하고 싶어 했다는 뜻이 되는 거죠. 이처럼 꿈속에 나타나는 의미심장한 패러독스를 통해서 도라의 수동적 오이디푸스 콤플렉스를 확인할 수가 있다고 해요. 꿈속에서 보이는 어머니의 태도는 두 방향으로 해석되더랍니다. 하나는 여성의 성기로 상징되는 **보석 상자**를 화재로부터 구하려는 행동으로 미뤄볼 때 여성 성기가 남자에게 망가지지 않도록 보호하려는 역할을 맡고 있어요. 반면에 도라의 어머니는 보석 상자를 구하려다가 오히려 도라를 불에 타 죽게 할지도 모르겠군요. 한 가지 위험을 피하려다가 또 다른 위험에 노출될 수도 있다는 거죠. 여성의 성에 대한 이러한 방어가 바로 노이로제의 원인이 되었다는 해석입니다.

도라는 첫 번째 꿈을 꾸고 나서 몇 주 후에 두 번째 꿈을 꾸었습니다. 이 꿈을 분석하는 동안 치료가 중단되었죠. 이 꿈은 첫 번째 꿈에 비해 훨씬 길지만 제대로 이해할 수 없는 꿈이에요. 하지만 이 꿈을 통해 몇 가지 증상이 생긴 연유를 충분히 알 수 있다고 해요. 두 번째 꿈 내용은 대략 이렇습니다.

도라는 낯선 도시를 걷고 있었어요. 전에 살던 집에는 아버지의 죽음을 알리는 어머니의 편지가 있었고요. 도라는 기차역에 가려고 수백 번이나 물어보지만 거기에 도달하지 못했어요. 어떤 남자가 동행해주겠다고 제안하지만 도라는 거절하죠. 집에 돌아와 보니 어머니와 다른 사람들은 이미 묘지에 갔다고 경비가 알려줬어요. 도라는 슬프지 않았어요. 자기 방으로 올라가서 두꺼운 책을 보려고 했어요.

프로이트는 이 꿈에서 도라의 동성애와 관련된 **능동적인 오이디푸스 콤플렉스**가 나타난다고 해석했습니다. 도라는 이제 자기 자신의 주인이 되었고, 아버지가 돌아가심으로 해서 공격성이 없어졌다고 했어요. 도라는 자기가 읽고 싶은 책이 있으면 무슨 책이든 읽을 수 있게 되었고요. 그게 성교육에 관한 책일지라도 가능해진 것이죠. 뿐만 아니라 낯선 사람의 도움도 필요 없게 되었어요. 동성애적인 소망이 노골적으로 나타나 있지는 않지만 자기가 읽고 싶은 책을 스스로 선택할 수 있다는 점으로 미뤄봐서 그 윤곽이 암시되어 있는 셈이죠. 도라가 동성애를 느끼는 대상은 K부인이에요. 도라는 K부인을 사랑했지만 K부인이 도라가 읽은 책을 남자들에게 말해버림으로써 도라를 실망시키고 말았어요.

아버지라는 사람은 도라가 접근했던 K부인과 어머니라는 두 여자들과 도라 사이에 끼어있는, 말하자면, 도라의 적이 되었어요. 그래서 아버지는 살짝 제거된 셈이죠. 실제로 아버지는 도라가 손가락을 빨지 못하도록 도와준 사람이었고 또 나중에는 도라가 자위행위를 하지 못하게끔 도와줬어요. 그렇게 해서 아버지는 도라가 병에 걸리도록 만든 장본인이 되기도 했어요. 이런 아버지의 금지 덕분에 도라는 아버지를 자신의 수동적인 성적 소망의 새로운 대상으로 삼게 되었지만 아버지는 도라의 소망을 충족시켜 줄 수가 없었습니다.

5. 프로이트의 실수

도라가 정신분석을 갑자기 중단하게 된 까닭은 두 가지 이유 때문이었답니다. 첫째 이유는 프로이트에 대한 불만이었고, 둘째는 마음속에서 프로이트를 아버지와 K씨로 보게 되는 동일시 때문이었다고 해요. 프로이트 같은 대가도 처음엔 K부인에 대해 마음속에 품고 있던 도라의 동성애적인 사랑을 깨닫지 못했어요. 이 사실을 알았을 땐 이미 너무 늦어버린 거죠. 프로이트가 도라를 오해했던 것은 도라가 **수동적인 오이디푸스 콤플렉스**로 퇴행했다는 거였어요. 그것을 오히려 치료가 잘 된 만족스런 결과로 잘못 알았다는 겁니다. 도라와 같은 히스테리 환자는 히스테리 증상을 포기하는 대가로 다시금 수동적인 여성의 성을 즐길 줄 알게 된다고 생각했기 때문이에요. 프로이트는 앞으로도 도라가 매우 좋아지리라고 예상했어요. 하지만 도라가 보여주는 수동성은 사실 능동성에 대한 반발로서 그 능동성을 거꾸로 뒤집어 내보인 것뿐이죠. 오히려 도라의 치료는 **능동적인 오이디푸스 콤플렉스**에 초점을 맞춰야 하는데, 이걸 프로이트가 놓쳤다는 겁니다.

도라는 결혼해서 아들도 하나 두었지만 평생 히스테리 증상을 보이며 살았다고 하더군요. 도라는 프로이트와 헤어지고 나서 24년 뒤에 프로이트를 잘 아는 펠리스 도이취한테 잠시 치료를 받았다고 합니다. 그러나 도이취 박사에게 이야기를 전해준 사람에 의하면 도라는 의사들이 가장 싫어하는 히스테리 환자였답니다. 도이취의 논문에는 1930년대 초에도 도라가 기침과 쉰 목소리, 과도한 흡연에다가 심한 편두통까지 앓고 있었다고 하네요. 도라는 자신의 몸에 대한 강박적인 청결벽과 변비도 보여 항문기와 관련된 증상도 앓았던 것 같습니다.

동일시는 히스테리의 진단에 중요한 역할을 해냅니다. 특히 히스테리 **동일시**가 그 특징이 되는데, 히스테리 현상에 잘 드러나게 되죠. 히스테리 환자는 다른 사람의 성적인 대상이 되는 바로 그 사람을 동일시하게 되는데, 프로이트가 도라를 분석하던 시기에는 히스테리 동일시를 실제로 이해하지 못했을 수도 있어요. 그런데 도라 사례에서 그런 히스테리 동일시는 매우 분명하게 나타나고 있거든요. 프로이트가 히스테리 동일시를 제대로 알게 된 모습은 도라 사례를 발표한지 15년 쯤 뒤에 나온 『집단심리학』에서 보여줍니다.

프로이트는 사랑의 대상인 K부인과 히스테리 동일시의 대상인 K씨를 제대로 구분하지 못했던 것 같습니다. 동일시는 자아이상을 세워놓게 되는데, 스스로 열망하는 자신에 대한 이미지가 자아이상이죠. 도라 사례에서는 도라가 자신을 사랑스러운 여인으로 여기게 됩니다. K씨와 관계에서 형성되는 도라의 이런 동일시는 남성 대상과의 동일시가 되는 거예요. 다시 말해, 도라는 자신의 자아이상이 되는 K씨와 **남성적인 동일시**를 하게 되는 거죠. 그렇게 해서 도라가 K씨를 사랑하는 것으로 잘못 생각하기 쉬운데, 이것이 바로 프로이트가 피하지 못했던 오류입니다.

이러한 남성적인 동일시는 도라가 자신의 사랑의 대상인 K부인과의 관계에서 남자처럼 행동할 수 있게 해줘요. 자아이상과의 이런 동일시는 오이디푸스 콤플렉스로부터 빠져나가는 출구를 상징화하게 됩니다. 더욱이 도라는 자신이 사랑의 대상으로 취급당하는 일에 분노하는 상상적 경쟁 속에서 남자들에게 대항하고 있어요. 그것이 도라가 K씨와 맺는 관계의 본질이라고 해요. 이제 K부인에게로 돌아가 봅시다. 도라는 자신의 여성성이 되는 K부인과 같은 그런 여자를 욕망하기 위해 한 남자를 유혹해요. 사실상 도라의 진정한 사랑의 대상이면서 또 대리인이 되는 아버지를 통해 사랑하는 사람이 바로 K부인이죠. 도라는 K부인을 아버지에게 알선해주기 위해 많은 일들을 해주고 있었어요. 그런 음모를 통해 도라는 아버지의 욕망에 대한 지지자로 행동하게 된다는 겁니다.

그때까지 균형을 잡아왔던 비교적 안정된 평형상태는 K씨와의 사건으로 깨지게 되고 도라가 그의 뺨을 때리는 사건으로 끝나게 됩니다. 자신의 아내가 자신에게 아무런 의미도 없다는 K씨의 말을 듣고서 도라는 다음과 같은 결론을 내리게 되죠. K씨는 도라를 차지하기 위해 자신의 아내를 도라의 아버지에게 바쳤던 것이고, 또한 이 일이 도라로 하여금 자기 자신을 **추악한** 교환의 대상, 즉 물물교환의 대상으로 보게 했다는 것이 프로이트의 견해였어요.

6. 라깡의 입장

라깡학파에서는 도라를 어떻게 볼까요? 라깡은 『앙코르』라는 세미나에서 **사랑 이야기를** 하는 그 자체가 향락이라고 했어요. 라깡은 「전이에 대한 개입」이란 논문에서 도라가 남녀관계에 흥미를 가지게 된 연유를 자세히 설명해주고 있어요. 라깡은 성적인 파트너에 대한 자신의 욕망을 희생시키는 조건 하에 도라가 남녀관계에서 대상의 역할을 회피할 수 있게 된다고 말합니다. 곧이어 설명하겠지만 프로이트는 상상적 동일시로부터 상징적 동일시로 미끄러져 간다고 했습니다. 상징적 동일시는 순전히 리비도의 투자를 넘어서 애증관계의 진정한 근원으로 확대해가는 자아이상을 세워주는 거예요. 도라는 자신의 자아이상인 K씨와 남성적 동일시를 하게 되어 도라가 K씨를 사랑하는 것으로 잘못 생각하게 만들었다는 것입니다.

도라가 보인 마음의 흐름을 들여다보면, 우리는 대타자의 욕망을 욕망한다는 라깡의 수수께끼 같은 말을 이해할 수 있어요. K씨의 대상이 되는 것을 피할 수 있는 경우에 도라가 욕망하는 것은 K씨가 아니라 K씨의 욕망입니다. 그럼 K부인에 대한 도라의 사랑으로 돌아가 봅시다. 도라의 진정한 사랑의 대상은 아버지인데, 그 아버지를 통해 사랑하는 사람이 K부인이죠. 따라서 도라의 욕망은 충족되지 않은 채로 유지되고 있는 거예요.

도라가 K씨를 사랑하는 것으로 잘못 생각한 프로이트의 오류는 "소녀들은 소년들을 위해 만들어진다."는 그의 편견 때문이라는 것이 라깡의 생각이에요. 다시 말해, 프로이트는 소녀가 아버지에게 다정하게 기울어지고 따라서 아버지의 대리인이 되는 어떤 남자한데 마음이 기우는 것은 자연스런 일이라고 가정했어요. 프로이트는 1925년에야 소녀에게서 오이디푸스 단계는 남근 시니피앙에 의해 이해되어야 한다는 것을 충분히 깨닫게 되었답니다. 그러한 남근 시니피앙은 어머니가 도라에게서 빼앗아 갔기 때문에 도라는 다른 곳에서 찾아내야 한다고 프로이트는 말했어요. 프로이트는 맨 처음 원초적 대상인 어머니로부터 멀어져서 아버지에게로 향하는 이런 변화를 분명하게 설명해주었답니다. 아버지에게로 향하는 방향전환과 그 뒤에 일어나는 동일시가 훗날 신경증의 형성물들에서 인과론적 역할을 맡고 있다는 거예요.

하지만 라깡의 생각은 조금 다릅니다. 라깡은 『전이』라는 세미나에서 K씨가 도라에게 해서는 안 되는 유일한 말이 있었다면 그것은 "내게 내 아내는 아무것도 아니오."라는 거예요. 프로이트의 전집을 영어로 번역한 스트레이치는 "나는 아내에게서 아무것도 얻어내지 못해요."라고 번역했다는군요. 프로이트의 설명으로는 K씨의 그 말은 도라의 아버지가 그녀의 치료를 위해 프로이트와 처음 만났을 때 그녀의 어머니에 대해 했던 말과 정확히 똑같은 말이라고 하네요. 라깡은 네 번째 세미나인 『대상관계』에서 K씨의 그 말 때문에 도라가 복잡한 욕망 회로의 일부가 되는 구조를 스스로 파괴해 버렸다고 합니다. 그 회로는 그녀의 아버지가 도라를 통해 K부인을 사랑하고, K씨는 K부인을 통해 도라를 사랑하고, 도라는 K씨를 통해 그를 대신한 K부인을 욕망하게 된다는 거예요. 라깡에 의하면 히스테리 환자는 항상 누군가를 대신하여 욕망하지만 누군가를 위한 욕망의 대상이 되지 않으려고 한다는 겁니다.

　　라깡의 생각으로 히스테리 환자의 욕망은 **충족되지 않는 욕망**이라서 K씨와 같은 대상에게로 직행할 필요가 없다는 거예요. 그랬다간 그 욕망이 충족되고 나서 사라져버리기 때문이죠. 프로이트는 도라가 K씨를 사랑했고 지금도 사랑하고 있다는 것을 도라에게 반복해서 확인시켜주려는 실수를 저지르게 되었다고 해요. 하지만 도라는 여자 가정교사와 그랬듯이 K부인과도 은밀한 얘기를 즐겼던 것 같아요. 그들은 사랑과 섹스에 대해 말하곤 했어요. 사랑 이야기 그 자체가 향락이니까요. 도라가 K씨를 사랑하면서 욕망했다는 프로이트의 말이 옳다면 우리는 도라가 K부인을 사랑하고 즐겼다고 말할 수 있어요. 다시 말해, 도라는 한 사람과는 사랑과 욕망을, 다른 사람과는 사랑과 향락을 가질 수 있다는 겁니다.

우리는 누군가를 사랑하는 것이 "뭐라 말할 수 없는 것" (je ne sais quoi)인 귀중한 것으로서 "남근"을 개념화하게 되는데, 예를 들면, 외모나 유머감각, 인격, 재산, 스타일, 정력, 적극성 혹은 열정으로서 우리 스스로 결여하고 있다고 느끼는 것과 일치하게 됩니다. 아마도 타자들에게서 우리가 진정으로 사랑하는 것은 그들이 갖고 있다고 생각되는 것이 아니라 그들이 갖고 있지 않다고 생각되는 것이랍니다. K씨가 매일 가져오는 꽃다발과 다른 고가의 선물들도 도라로 하여금 그에게 성적인 욕망을 불러일으키는 일련의 소녀들 가운데 하나일 뿐으로 보이게 했을 거예요. 달리 말하면, 도라는 K씨에게 그의 욕망의 환유적인 미끄러짐을 멈추게 하는 유일한 대상인 라깡의 "타대상"이 아니라 그저 하나의 대상일 뿐이라는 겁니다. K부인이 도라의 아버지에게 사랑을 받으면서 욕망되는 여자라면 도라에게 K부인은 양쪽의 자리들, 즉 라파엘로의 작품인 〈시스티나 성모〉와 같은 남근의 자리와 대체 불가능한 타대상의 자리를 느긋하게 차지할 수 있는 사람으로 보였을까요?

라깡에 의하면, 도라는 남자의 성적인 유혹으로 즐거움을 느끼기보다 K부인을 통해 여성성의 비밀을 밝혀내는 일에 더 큰 흥미를 느끼고 있었어요. 그녀 자신의 여성성의 미스터리를 철저히 알아내고 싶었죠. 따라서 라깡은 도라가 K부인을 우상화하는 동기의 미스터리를 풀어내려고 해요. 라깡은 도라가 남자에게 진정으로 관심을 보이지만 남자의 욕망대상으로서의 위치를 받아들일 수 없었다고 가정합니다. 그녀의 우상이던 K부인은 남자의 욕망대상이 되어 사랑의 대상은 되지만 향락의 대상은 되지 않았어요. 따라서 K부인은 성모와 유사해져서 선험적인 대상이 되고 "숭배"의 대상이 되었다는 겁니다.

이처럼 라깡은 프로이트가 도라의 욕망의 대상이 여성인 K부인이라는 사실을 놓쳤다고 비판했습니다. 라깡은 도라에 대해 논의할 때마다 프로이트의 치료에 대해 항상 비판적이었어요. 프로이트는 도라의 실제적인 대상이 남성인 K씨였던 것으로 그녀를 사정없이 몰아갔던 거예요. 프로이트의 관점으로 도라의 문제는 히스테리 환자로서 도라가 K씨에 대한 자신의 욕망을 알아차리지 못했다는 거였습니다. 도라가 이것을 진실로 인식하게 되면 모든 것이 성공적으로 해결되리라고 믿었던 거예요. 전반적인 분석과정에 걸쳐 프로이트는 이 사실을 고집스럽게 반복해가며 강조하고 있었어요. 프로이트는 도라가 욕망하는 사람이 K씨라는 것을 인정하지 않으려 한다고 불만스러워했고요. 프로이트는 수년 뒤에야 깨닫게 되었는데, 도라의 **욕망의 대상**이 K부인이라는 중대한 사실을 놓쳐버렸다는 겁니다.

공교롭게도 히스테리와 직면하게 된 프로이트의 혼동은 거기서 끝나지 않았습니다. 그가 역시 파악하지 못했던 것은 히스테리에서 보이는 욕망의 구조였어요. 특히 **충족되지 않는 욕망**에 대한 욕망에 의해 떠맡고 있던 역할이었지요. 프로이트가 깨닫지 못한 것은 히스테리 환자의 치료에서 욕망의 대상으로 어떤 특별한 대상이나 다른 대상을 끊임없이 찾으려 한다는 거였어요. 프로이트에게서 이런 추구대상은 전형적으로 남성이었고, 따라서 프로이트가 히스테리 환자에게서 여성의 중요성을 놓쳐버렸던 것도 사실이죠. 히스테리 환자의 욕망이 충족되지 않는 욕망이라는 것을 인식하지 못함으로써 히스테리 욕망의 대상에 대한 프로이트의 탐구는 실패하게 되었던 겁니다.

그래도 프로이트 덕분에 결여가 여성의 성에서 해내는 중대하고도 더욱 본질적인 역할을 알아차리게 되었습니다. 하지만 프로이트의 결론은 한 여자가 남근을 받아들임으로써, 더욱이 아버지에게서 받음으로써 이러한 결여를 채울 때까지 결코 충분히 만족될 수 없다는 거였습니다. 여성의 결여에 대한 프로이트의 해결책은 모성이었고, 또한 이 해결책은 히스테리에 대한 그의 치료에서 계속 강조되고 있었어요. 히스테리 환자가 아버지에게서 남근을 받아내려는 욕망을 갖고 있는 한에는 적절히 치유되지 않을 거라고 프로이트는 생각했던 겁니다. 프로이트는 도라로 하여금 아버지의 대리가 되는 K씨에 대한 그녀의 욕망을 인정하게끔 만들려는 노력을 냉혹하게 추구해 갔어요. 그 결과 조기에 치료가 갑자기 중단된 거죠. 여기까지는 분명하고 또 프로이트의 사례 이야기에서도 드러나거든요. 우리가 이렇게 생각할 수 있는 것은 우연하게도 이 사례에서 프로이트가 중요한 것을 놓쳐버린 흔적이 텍스트에 고스란히 남아있는 덕분이라고 러셀 그릭 교수는 암시해주고 있습니다.

3장 분석경험의 세 가지 범주

　　라깡은 도라 사례에 대해 논의하면서 상상계와 상징계와 실재계라는 정신분석 경험의 세 가지 범주들에 대해 이야기하고 있습니다. 이런 범주들은『라깡 정신분석 사전』과『정신분석의 어휘』에도 소개되어 있지만『라깡 정신분석의 핵심 용어』를 가장 많이 참조하게 됩니다. 철학자인 김형효 교수는 일찍이 라깡과 무의식의 언어학을 소개했습니다. 그러니까 김 교수는 '상상적인 것' 혹은 '상상적 질서'나 '상상적인 것의 단계'라는 용어들을 사용하면서 상상계·상징계·실재계에 대해 처음으로 소개하고 있어요. 일본의 신구 교수와 스즈키 교수에 의해 번역된『精神分析事典』에는 상상계·상징계·현실계라고 되어 있습니다.

여기서 흥미로운 연상을 즐겨 볼 수 있어요. le réel을 김 교수는 실재계라 번역했고 일본 교수들은 **현실계**라 번역했어요. 철학 전공의 김 교수는 réel을 "현실적"이란 단어보다 "실재적"이란 단어를 선호했을 거예요. 우리가 보통 말하는 현실을 철학에서는 "실재"라고 부르니까요. 사실은 "실재계"와 "현실"이란 두 용어의 쓰임새가 너무 달라서 우리는 현실계보다는 실재계라는 번역어를 따르기로 했습니다.

세 가지 계(ordre)들은 분석경험의 서로 상이한 측면이나 범주들을 지칭하고 서로 이질적인데도 세 범주들을 계(界)라고 지칭하는 이유는 그것들이 공통의 속성을 지니고 있기 때문이에요. 때로는 주체의 세 가지 영역 혹은 질서라고도 말해요. 라깡은 보로메오 매듭이란 위상수학을 이용해서 세 가지 계들이 공유하고 있는 문제들을 탐구하고 있어요. 이 계들은 프로이트의 구조모델에서 보여주는 세 가지 기관과 같은 정신적인 세력들이 아닙니다. 이 계들은 정신기능과 연관되어 있고 정신분석의 모든 영역을 망라하고 있습니다.

1. 상상계

상상계에 관한 논의의 대부분은 라깡의 거울단계에서 이뤄지고 있습니다. 아마 거울단계에서 자아가 형성되기 때문일 거예요. 자아는 거울상 혹은 "빼쏜꼴"(semblable)과의 동일시에 의해 형성됩니다. "빼쏘다"는 우리말은 "영락없이 닮다"는 뜻이라서 닮은꼴보다 더 강한 의미를 풍겨줘요. 자아와 빼쏜꼴은 이자관계를 형성하기 때문에 상호교체가 가능해져요. 뿐만 아니라 상상계에는 몰인식과 편집증적 지식 그리고 공격성 같은 중요한 개념들이 포함되어 있어요. 라깡은 게슈탈트 개념과 동물행동학과 프로이트의 초기이론을 참조해서 이 개념을 정교하게 다듬어냅니다. 인간은 구조적으로 미숙한 상태로 태어나기 때문에 동물과는 다르게 단일 이미지를 동일시해서 성숙하게 된다는 겁니다.

주체가 거울상을 자신의 것으로 인정하게 된다는 것은 실제적인 숙달을 예상하게 해주지만, 주체와 거울상이 결합되어 착각과 소외라는 상상계의 특징을 만들어내죠. 거울상에 대한 이런 인식이 상상적 관계의 외부에 있는 상징계의 기능이 된다는 것은 중요한 생각이에요. 라깡의 생각으로 전체적인 통일체로서 거울상은 **자아**의 원시적인 형태로 기능한다는 겁니다. 그런 자아는 이상적인 이미지로 기능하는 게슈탈트와의 동일시에 의해 구성되는 거죠. 자아의 구성을 타자와의 관계에 연결시키면 자아는 타자와의 동일시로 정의할 수 있어요. 이 말 속에는 대상과의 관계가 포함되어 있거든요. 따라서 거울상은 자아의 구조도 되면서 또한 대상도 된다는 겁니다.

조각난 몸과 통일된 이미지 사이의 관계에는 초기의 긴장이 내포되어 있어요. 그 긴장이 바로 공격성의 근원이 되죠. 또한 공격성은 자아가 그 자신과 쏙 빼닮은 다른 주체인 빼쏜꼴과 만나는 상황에서도 나타나게 됩니다. 바로 이런 타자가 욕망하는 대상을 우리는 욕망하게 되는 거예요. 다시 말해, 공격성은 언제나 빼쏜꼴이 되는 그런 대상에 연결되어 있고, 그에 따라 상상계의 논리로는 자아에 속하는 대상과 연결되어 있다는 겁니다. 이렇게 해서 라깡의 말대로 "인간의 욕망은 타자의 욕망이 된다"는 거예요.

상상계는 언어 차원에도 관여하게 됩니다. 시니피앙은 상징계의 기반이지만 시니피에와 의미작용은 상상계의 한 부분이에요. 이미 L도식에서 봤듯이 상상적 측면에서의 언어는 대타자의 담론을 전복시키고 왜곡하는 언어의 장벽이 되는 거예요. 또한 라깡은 상상계를 지식(connaissance)에도 연결시킵니다. 이러한 연결은 현실에 대한 자아의 관계에 집중되고 몰인식(méconnaissance)과 편집증적 지식으로 그 특징을 삼게 된다고 해요. 자아는 비록 거울상의 인식에 그 기초를 두긴 하지만 인식하지 않을 수 있는 능력인 몰인식으로도 생각되는 겁니다. 그러니까 몰인식은 오인이나 오해와는 달라요. 오인은 잘못 보는 거지만 아무튼 보고 생각하는 거니까요. 그릇되게 해석하거나 뜻을 잘못 아는 오해도 해석하고 아는 거니까 몰인식과는 다르죠. 거울상은 거울 앞에 서 있는 자신과 좌우가 뒤바뀌어 있어서 정반대라는 겁니다. 우리의 시인 이상이 「거울」이란 작품에 이미 이 같은 내용을 읊어놨어요. 이 말이 의미하는 것은 자아의 현실경험에 원래적인 왜곡과 몰인식이 존재한다는 거예요. 라깡은 거울단계에 관한 논문에서 인간의 지식을 외부의 박해와 감시처럼 편집증적인 것이라고 말합니다. 그러나 상상적인 것이 몰인식과 신기루에 본질적으로 연결되고 허위현실에 연결될지라도 그것은 실증된 현실이죠. 이처럼 상상적인 것이 없으면 인간의 현실이란 것도 있을 수 없을 것 같아요.

몇 가지 강조해보면, 이미지와 상상, 기만, 유혹물의 영역인 상상계는 자아가 거울에 비친 자신의 모습처럼 자신과 빼닮은 빼쏜꼴을 동일시하여 이자관계를 형성합니다. 따라서 자아가 스스로를 완전히 통일되고 자율성을 지닌 존재로 보는 착각도 상상계에서 비롯된 겁니다. 어떤 정신분석에서는 분석가와의 동일시를 분석의 목표로 삼는데, 이것은 분석을 이자관계로 환원시키는 거예요. 라깡은 이런 분석을 정신분석에 대한 철저한 배반이고 주체의 소외를 가중시키는 일탈로 보고 있습니다.

2. 상징계

상징계는 정신분석에서 가장 중요한 범주가 됩니다. 모자간이란 상상계의 이자관계 속에 아버지가 제3항으로 끼어들게 되는 거예요. 따라서 오이디푸스 콤플렉스라는 전형적인 삼각구조가 성립되는 거죠. 이처럼 이자관계에서 오이디푸스 삼각구조로의 이행은 상상계로부터 상징계로 옮겨가는 것이 됩니다.

상징계는 주체에게 언어가 중요하다는 사실을 알려줍니다. 무의식과 대타자는 모두 상징계에 속합니다. 여기서 우리는 무의식과 주체와 법칙이 서로 밀접하게 연결되어 있다고 생각할 수 있어요. 무의식은 언어처럼 구조화되어 있다든가 주체가 언어에 의해 분할된다고 하는데, 쉽게 이해되는 말은 아니죠. 상징계가 시니피앙들의 연쇄로 이뤄져 있다는 말을 들으면 조금씩 이해되기 시작할 거예요. 라깡은 말이 대타자의 존재 내에 세워지게 된다고 언급함으로써 말과 대타자와 언어 사이의 밀접한 관계를 설명합니다. 『정신병』이란 세미나에서 라깡은 원래부터 상징적인 대타자를 무의식에 연결시키죠. 이렇게 해서 무의식은 대타자의 담론이 되는 거예요.

프로이트는 끈이 달린 작은 실패를 가지고 노는 손자의 모습을 관찰합니다. 그 손자가 사랑하는 대상인 제 엄마의 현존과 부재를 숙달하는 방식이 언어를 통해서 이뤄지더라는 거죠. 그에 대한 라깡의 해석에는 철학적인 냄새가 물씬 풍기죠. "포르트!"와 "다!"라는 경험이 현존과 부재라는 대조된 현상에 직면했을 때 단지 한 쌍의 소리로 출현한다는 것을 알려주는 거랍니다. 부재는 현존 속에서 환기되고 현존은 부재 속에서 환기된다는 거예요. 사물을 대신하는 상징을 **사물의 살해**라고도 해요. 이처럼 부재로 만들어진 현존으로서 상징을 정교하게 다듬어내는데, 이것이 바로 시니피앙에 대한 라깡의 맨 처음 설명이죠.

이렇게 해서 상징계와 죽음욕동 사이가 연결됩니다. 상징계에서 주체는 그 자신을 **죽음으로 향하는** 주체로 구성하게 된다고 해요. 그와 동시에 상징계는 주체를 죽음의 저편에 위치시키는데, 그 까닭은 시니피앙이 이미 주체를 죽은 것으로 간주하고서 본래부터 그를 영속시키기 때문이라는 거죠. 라깡은 1960년대에 주체를 분할된 구조로 보는 언어 쪽으로 옮겨가게 됩니다. 이제 주체는 시니피앙에 복종하게 되는 거예요. 라깡은 시니피앙에 관련되어 부차적으로 구성되는 한 주체를 빗금 친 주체($)로 상징화합니다.

상징계 개념의 기초는 선물교환이죠. 교환의 가장 기본적인 형태는 말의 교환이고 의사소통이며, 법과 구조의 개념도 언어 없이는 생각할 수 없기 때문에 상징계는 필연적으로 언어의 영역이 됩니다. 이런 상징계가 모든 것을 포함하기 때문에 라깡은 상징을 우주라고 말해요. 상징이 나타나자마자 거기에는 상징의 우주가 존재하게 된다는 겁니다. 분석치료에서도 제3항으로 대타자가 도입되어야 하죠. 대타자의 담론이 바로 무의식이고, 거시기(das Es, ça)가 언어의 무의식적 근원이라고 생각해요. 결국 무의식인 거시기가 하는 말이 분석수행자의 입이나 치료자의 입을 통해 밖으로 나오게 되죠. 이런 무의식의 말을 경청하다가 깜짝 놀라는 경악이 바로 치료의 순간이 됩니다.

3. 실재계

실재계는 상징화에 저항하는 경험의 한계로 남아 있습니다. 이 말의 이면에는 상징계가 실재계를 이해할 수 있는 유일한 매개체란 사실을 알려주고 있는 셈이죠. **상상계**는 게슈탈트의 특징을 지니고, **상징계**는 차이의 개념에 그 기반을 두지만, **실재계**는 주로 부정적인 방식으로 정의되거든요. 실재계는 상상적이지도 않고 상징적이지도 않아서 환상의 영역으로부터 제외되고 말에도 관련되지 않는다는 겁니다. 따라서 실재계는 말의 경험인 분석치료의 범위를 넘어서는 것으로 이해되는 거예요.

라깡은 일곱 번째 세미나에서 프로이트의 "물"(物, das Ding)을 정교하게 다듬어서 실재계의 역설적인 속성을 이해하도록 해줍니다. 인간의 경험이 물 주위에 어떻게 구성되는지 설명하고 있어요. 물의 역설적 특성은 인간 경험으로는 존재하지 않지만 오이디푸스의 법을 통해 **사후적으로** 정립되더라는 겁니다. 근친상간의 금지라는 것은 그 자체가 모순적이죠. 전혀 이용될 수 없는 대상에게로의 접근을 가로막고 있기 때문이에요. 다시 말해, 그 금지는 역설적으로 금지된 대상을 주관적인 경험의 핵심적인 요소로 앉혀놓은 것입니다.

실재계와 대상과의 관계는 욕망의 대상인 **타대상**과 욕동의 대상으로 이어집니다. 이탤릭체로 쓰인 *a*가 타자를 의미하는 불어 autre의 머리글자라서 우리는 욕망의 대상인 "오브제 프티 *아*"(objet petit *a*)를 "타대상"으로 번역해본 거예요. 중요한 이 개념을 자주 사용하기 위해서는 무리해서라도 번역할 필요가 있었던 거죠. 여기서 **욕망**은 법의 측면인 대타자의 편에 속하고, **욕동**은 물의 측면에 속해 있어요. 욕망의 실재적인 물이 바로 **향락**입니다. 분할된 주체와 타대상 간의 관계인 기**본환상**($\lozenge a$)은 실재계의 정의에 매우 중요해요. 환상은 실재계와의 관계에서 작용하기 때문이죠. 실재계는 환상을 지지하고 환상은 실재계를 보호해줘요. 환상은 실재계를 가리는 스크린으로 작용한다는 겁니다.

현실은 환상에 뿌리를 두고 있다고 해요. 언뜻 이해되지 않을지 몰라도 차츰 알아갈 거예요. 그렇다면 우리가 그동안 강조해온 **현실감**이나 **현실검증** 같은 용어도 다시 생각해 봐야겠네요. 또한 실재계는 말하기가 **불가능한 것**(l'impossible à dire), 말할 수 없는 것으로 소개되고 있어요. 불가능한 것을 새로운 어떤 것의 가능성으로 연상해가는 라깡의 위대함이 엿보이는 대목이죠. 라깡은 우연한 만남이란 뜻의 조우(tuché)를 통해 실재계에 접근하게 되고 반복의 개념에 의해 가능해진다고 하네요. 그러나 이런 조우는 항상 놓쳐버리기 마련이죠. 그 이유는 그런 일이 너무 일찍 발생하든가 너무 늦게 발생하기 때문이란 거예요. 실재계는 달아나는 것이고 통달이나 이해가 불가능한 것이라서 근본적인 외상의 효과를 두드러지게 만들어주는 거랍니다.

상상계와 상징계와 실재계는 **보로메오 매듭**을 형성하게 됩니다. 그러나 라깡은 실재계에 대해 별로 이야기하지 않아서 그 개념은 처음부터 애매한데다 가장 이해하기 어렵고 신비스러운 채로 남아 있습니다. 실재계는 모든 말이 멈추는 곳, 언어 밖에 위치하고 상징화에 절대적으로 저항하는 것입니다. 어디서 들은 것 같지 않아요? 선(禪)의 특징인 불립문자(不立文字). 진리의 지극한 자리라는 언어도단(言語道斷)의 입정처(入定處). 상상할 수도 없고 상징계에 통합될 수도 없으며 어떤 방법으로도 얻을 수 없기 때문에 실재계는 **불가능한 것**이 됩니다. 그런데도 실재계는 정신과의사에게 아주 중요한 영역이 됩니다. 정신병에서 상징계에 통합될 수 없을 때 그것은 환청이나 환시 같은 환각의 형태로 실재계에 되돌아오기 때문이죠.

나지오 교수는 아무것도 없는 행성에서 어떻게 한 존재인 주체가 태어나는지에 대해 생각하고 있습니다. 실재계로부터 한 존재가 나타나기 위해서는 실재계에 구멍이 하나 뚫리고 그 속이 비워져 있어야 한다는 겁니다. 그렇다면 실재계는 황량한 행성이 아니라 사물들과 존재들로 너무 꽉 차서 마치 공허처럼 보일 뿐이라고 상상할 수 있다는 거죠. 실재계는 텅 빈 심연이란 의미로서의 공허가 아니라 무한히 꽉 차있다는 의미에서 만물이 가능해지는 장소가 되는 거예요. 이런 실재계의 개념은 11세기의 유학자인 장재(張載)의 기(氣)철학을 떠올려줍니다. 장재는 기의 충만함과 유행을 태허(太虛)라고 불렀습니다. 기 운동의 가장 원초적인 형태가 모이고 흩어지는 취산(聚散)이죠. 태허 상태에서 기가 모이면 사물이 되고 흩어지면 다시 태허로 돌아간다는 것입니다.

　이런 실재계의 개념이 임상가에게 중요한 이유는 분석가의 해석이 바로 실재계에 적중해야 하기 때문이죠. 그것은 환자가 말로 표현하지 못하고 그 주위를 맴돌게 된다는 것을 의미해요. 환자의 담론 속에 나타나는 실재계는 환자로 하여금 반복해서 동일한 주제나 사건 혹은 개념으로 되돌아가게 하고 그 주위를 끊임없이 맴돌게 만드는 그런 것입니다. 분석가는 해석을 통해 그것이 말로 표현되도록 도와줘야 하는 거예요. 실재계는 그때까지 말로 표현되거나 구성되지 않았던 겁니다. 실재계는 분석을 통해 상징화되고 말해져야 하고 시니피앙으로 옮겨져야 하는 거죠. 이것이 바로 실재계에 **적중하는** 해석입니다. 자크-알랭 밀레르에 따르면, 분석은 점진적으로 실재계를 상징계로 **유출시키는** 일에 관련되어 있다고 하는데, 이것은 간척지에서 물을 **빼내고** 말린다는 뜻으로 "조이데르 해의 배수"(the draining of the Zuider Zee)라는 프로이트의 표현을 패러디한 것입니다.

4장 남근과 아버지의 문제

1. 라깡의 남근 개념

아버지의 문제를 풀어가는 데에는 먼저 남근의 개념부터 명확히 해줄 필요가 있습니다. 프로이트는 라깡식 남근이 아니라 음경에 대해 언급하고 있어요. 남녀 아이들 모두 음경에 커다란 가치를 두고 있기 때문이죠. 어떤 아이는 음경을 갖지 못했다는 것을 알게 됨으로써 중요한 심리적 결과를 가져온다고 해요. 오히려 남근이란 용어는 프로이트의 글에 거의 나타나지 않지만, 간혹 나온다 해도 음경과 거의 같은 의미로 사용되고 있어요. 프로이트가 **남근적**이란 형용사를 사용해서 남근기에 대해 언급할 때에도 남근과 음경을 엄격히 구분한 것은 아닙니다.

라깡 정신분석에서 강조하는 것은 남성의 생식기가 아닙니다. 환상에서 담당하는 역할이라서 음경보다는 남근이란 용어를 더 선호하게 되는 거예요. 라깡은 생물학적 기관에 대해서는 음경이란 용어를 사용하고 이 기관의 상상적 기능과 상징적 기능에 대해서는 남근이란 용어를 사용해요. 하지만 프로이트의 음경선망(penis envy)이란 개념 속에는 그가 실재적인 기관을 의미하지 않았다는 것이 확실해 보이죠. 그래서 아마 우리말로 **남근선망**이라고 번역되는 것 같아요. 다만 남근에 대한 라깡의 독특한 용법 때문에 남근과 음경을 혼동할까봐 **음경선망**이라고 번역해본 겁니다. 이런 라깡의 용어상의 개혁은 프로이트의 글에서 이미 암묵적으로 존재하던 것을 라깡이 명확히 구분했을 뿐이라고 합니다.

남근이란 용어는 50년대 이후 라깡의 담론에서 점점 더 중요한 위치를 차지하게 됩니다. 남근은 오이디푸스 콤플렉스와 성차이 이론에서 핵심적인 역할을 하고 있어요. 남근은 전(前)오이디푸스기를 구성하는 상상적 삼각관계에서 세 가지 요소들 가운데 하나가 됩니다. 그렇게 해서 어머니와 아이라는 두 요소들 사이를 순환하는 상상적 대상이 되죠. 어머니는 이 대상을 욕망하고 아이는 자신을 남근이나 혹은 남근적인 어머니와 동일시함으로써 어머니의 욕망을 만족시켜 보려고 합니다.

　라깡은 사랑 이야기 그 자체가 향락이라고 말합니다. 정신분석에서는 "애초부터 사랑 이야기가 있었다."고 해요. 우리는 누군가를 사랑하는 것이 뭐라 말할 수 없는 귀중한 것으로 "남근"이라는 것을 개념화하게 된다고 이미 말했어요. 예를 들면, 외모나 유머감각, 인격, 재산 등등과 같은 것으로서 우리 스스로 결여해 있다고 느끼는 것에 상응하는 겁니다. 아마도 타자들에게서 우리가 진정으로 사랑하는 것은 그들이 갖고 있다고 생각되는 것이 아니라 그들이 갖고 있지 않다고 생각되는 것이니까요.

2. 상상적 남근과 상징적 남근

　오이디푸스 콤플렉스에서 아버지는 아이를 거세시킴으로써 상상적 삼각관계에 네 번째 항목으로 끼어듭니다. 말하자면 아버지는 아이가 상상적 남근과 동일시하는 것을 불가능하게 만드는 거예요. 그렇게 되면 아이는 자신의 거세를 받아들이거나 거부하는 행동 가운데 하나를 선택해야 해요. 라깡은 아이가 어머니의 남근이 될 수 있는 가능성을 포기해야 한다는 의미에서 모든 아이들이 거세를 인정하게 된다고 주장하죠. 남녀 모두 상상적 남근과의 동일시를 포기함으로써 각각의 성에 따라 서로 다른 상징적 남근과의 관계를 위한 통로가 마련되는 거예요. 남성은 상징적 남근을 가질 수밖에 없지만 여성은 갖지 않습니다. 남성의 경우에 자신의 거세를 인정하는 조건하에서, 다시 말해, 상상적 남근이 되는 것을 포기함으로써 오로지 상징적 남근을 갖게 되는 겁니다.

이처럼 라깡 정신분석에서는 실재적 남근과 상상적 남근 그리고 상징적 남근으로 나눠 말하고 있습니다. 라깡은 생물학적 기관을 가리킬 때에는 음경이란 용어를 사용하는데 때때로 **실재적 남근**이라 부르기도 합니다. 이런 실재적 남근은 실재적 아버지에게 위치하겠죠. **상상적 남근**은 거세에 의해 몸에서 떼어낼 수 있는 부분대상으로 상상되는 음경의 이미지이고 그것이 바로 남근의 이미지가 된다고 해요. 상상적 남근은 전오이디푸스기에 어머니의 욕망의 대상으로 인식되는데, 어머니가 아이 자체를 넘어서 그 이상으로 욕망하는 대상이라고 생각되는 겁니다. 그에 따라 아이는 이 대상을 동일시하려고 하죠. 오이디푸스 콤플렉스와 거세 콤플렉스는 상상적 남근이 되려는 시도의 포기와 관련되어 있습니다.

상상적 남근은 어머니와 아이 사이에 순환함으로써 아이의 일생 가운데 첫 번째로 "오가는 운동"을 시작하게 됩니다. 그것이 비록 상상적 변증법일지라도 상상적 요소가 시니피앙처럼 순환하기 때문에 **상징계**로 향하는 길이 마련되는 거예요. 이렇게 해서 남근은 시니피앙이 됩니다. 남근은 대타자의 **욕망의 시니피앙**으로 묘사되고 있어요. 라깡은 「남근의 의미작용」이란 논문에서 남근에 대해 가장 결정적인 형태로 그려 내보이고 있어요. 남근은 환상이 아니랍니다. 그러한(부분적인, 내적인, 좋은, 나쁜) 대상도 아니고 그것이 상징하는 기관 ―음경 또는 음핵― 은 더더욱 아니라고 하네요. 남근은 시니피앙이고 전체로서 의미 효과를 지시하도록 예정된 시니피앙이라는 겁니다.

거세 콤플렉스와 오이디푸스 콤플렉스가 상상적 남근을 중심으로 맴돌고 있다면, 성 차이라는 문제는 **상징적 남근**을 중심으로 삼고 있습니다. 라깡은 남근에 상응하는 여성적인 시니피앙은 존재하지 않는다고 했어요. 남근은 상응하는 것이나 등가치적인 것이 없는 기호라고 해요. 이 말은 시니피앙에 있어서 양성 간에 불균형의 문제라고 하네요. 남성 주체와 여성 주체는 그 모두가 상징적 남근을 통해서 자신들의 성을 지니게 되죠. 상징적 차원에서는 부재도 존재만큼 긍정적인 실체가 되기 때문에 어떤 의미로는 상징적 남근을 결여하는 여성도 그것을 소유하고 있다고 말할 수 있습니다. 남성의 상징적 남근에 대한 가정은 오로지 거세 이전의 가정에 기초해서 가능해져요. 라깡은 드디어 상징적 남근이 **시니피에를** 갖지 않는 시니피앙이라고 말하게 됩니다.

3. "아버지는 아버지가 된다"

현대에서는 아버지라는 존재가 점점 작아져서 그의 존재감마저 희미해져 가고 있습니다. 아마도 예전의 가부장제도나 남성 권위주의에 대한 반발이 불러온 결과일 수도 있죠. 하지만 이 사회에 꼭 필요한 권위마저 인정되지 않는 것 같아 걱정입니다.

라깡이 아버지의 중요성을 강조하게 되는 이유는 클라인학파와 대상관계이론에 대한 반발로도 이해될 수 있어요. 두 학파에서는 어머니와 아이의 관계를 정신분석 이론의 핵심으로 삼고 있기 때문이죠. 라깡이 아버지의 역할을 계속적으로 강조하는 이유는 아버지가 제3항으로서 모아(母兒) 간의 상상적 이자관계를 중재해주기 때문이에요. 그 덕분에 아이는 정신병으로부터 보호되고 사회적 존재로 승인될 수 있어요. 따라서 아버지는 어머니의 사랑을 획득하려고 경쟁하는 아이의 단순한 경쟁자가 아닌 그 이상의 존재로 보이는 거죠. 다시 말해, 아버지는 사회질서의 표상이 되고, 아이는 오이디푸스 콤플렉스에서 아버지를 동일시함으로써 사회질서 속으로 진입할 수 있게 된다는 겁니다. 아버지의 부재는 모든 정신병리 구조의 병인론에서 중요한 요인이 되고 있어요.

프로이트의 이론에서 세 가지 형태의 동일시가 모두 아버지와 관련되어 있다는 것도 주목할 만한 일입니다. 하지만 동일시와 다른 현상들에 관련된 아버지의 문제는 프로이트에게서 해결되지 않은 문제로 인식되고 있다는 거예요. 라깡은 프로이트에 관한 정신분석 논의에 집중하다가 "도대체 아버지란 무엇인가?"라는 의문을 제기하고서 풀어보려고 하죠. 라깡이 아버지 문제를 정신분석의 핵심적인 논의 마당으로 불러내온 겁니다.

그렇다면 프로이트 시대에 아버지에 대한 사람들의 태도는 어떠했을까요? 라깡은 도라의 사례에서 아버지가 해내는 역할의 중요성을 강조하고 있어요. 프로이트가 3개월간 치료하다가 실패로 끝났던 도라 사례를 라깡의 관점으로 들여다

봄으로써 프로이트와의 차별성을 알 수 있게 해줍니다. 프로이트는 도라의 연극 덕분에 오이디푸스 신화를 소개하게 되고 거세 콤플렉스를 마음속에 품게 되지만, 이 시대에 더욱 부각되는 아버지의 문제를 라깡이 풀어갈 수 있었다고 러셀 그릭 교수는 말합니다.

도라에게 아버지의 성불능증은 여자를 마주할 때 거세의 의미를 갖게 됩니다. 이제 라깡은 이런 사실이 그녀의 아버지를 결함 있는 사람으로 보게 됨으로써 아버지의 상징적이고 이상적인 기능에서 아버지를 평가절하하게 된다고 생각해요. 라깡의 표현처럼 아버지는 "전력을 상실할" 때일지라도 여성과 관련해서는 예전의 생식자 위치를 유지하고 있어요. 영어를 활용하여 "아버지는 아버지가 된다"(The father fathers)라는 중복어법에 의해 아버지는 자식을 보든가 생겨나도록 하는 사람이 되는 겁니다. 라깡은 아버지가 되는 아버지, 즉 자식을 보거나 생겨나게 하는 아버지를 **이상화된 아버지**라고 불러요. 또한 그런 아버지는 히스테리 환자가 아버지와 맺고 있는 관계의 핵심에 위치한다고 말합니다.

4. 아버지의 신화

우리가 오이디푸스적인 아버지로부터 『토템과 터부』에 나오는 원시종족의 아버지를 거쳐 『모세와 일신교』의 아버지에 이르기까지 아버지에 관한 프로이트의 작업을 들여다보면, 제일 먼저 아버지의 기능이 애매하다는 것을 알 수 있어요. 남근의 소유자로서 아버지의 기능은 전능한 대타자인 어머니의 욕망을 규제시키는 일입니다. 아버지는 자아이상을 만들어내면서 아이의 동일시에 대한 지지자처럼 행동해요. 여기에 아이가 지불하는 대가는 어머니를 두고 아버지와 벌이는 상상적 경쟁이고 따라서 아버지의 죽음을 욕망하게 됩니다.

아버지 신화의 다양한 버전들에서 아버지와 법과의 관계를 들여다보는 것도 흥미로운 일입니다. 아버지가 아이들에게 전달하는 그 법에 그 자신이 복종하게 되는 오이디푸스 콤플렉스의 아버지와는 대조적으로, 『토템과 터부』에서는 동일한 그 법에 대하여 하나의 예외가 되는 아버지를 볼 수 있어요. 원시종족의 아버지는 엄격한 아버지이고 자기중심적이며 질투심이 많고 거세의 위협으로 아들들을 억제시키는 성적인 대식가죠. 이런 인물은 향락의 아버지가 되는데, 그는 질서유지의 법에 따르지 않아요.

더욱이 그런 아버지의 죽음은 아들들에게 해방이 될 것 같은데, 그렇질 못해요. 왜냐하면 금지시키는 아버지의 힘이 아버지의 실종으로 오히려 증가될 뿐이기 때문이에요. 아버지의 죽음을 통하여 아들들은 아버지에 대한 동일시의 형태로 되돌아오는 금지의 법에 훨씬 더 강력하게 구속되어 있어요. 오이디푸스 콤플렉스로부터 『토템과 터부』와 『모세와 일신교』에 나오는 아버지 신화로의 발전은 매우 뚜렷합니다. 처음부터 아버지의 기능은 분명히 어머니라는 인물의 전능함을 누그러뜨리고 규제하며 승화시키는 일인데, 이것이 바로 프로이트가 "여성적인 성의 이해하기 어려운 힘"이라 불렀던 것입니다.

라깡은 프로이트의 아버지 문제를 계속 추구하여 「신경증 환자의 개인적인 신화」라는 논문에서 아버지는 병적인 원인이 되고 또한 규범적인 역할을 해낸다고 지적해줍니다. 라깡은 상징적·상상적·실재적이란 구분을 통해 아버지의 문제를 철저하고 명확하게 완성해냅니다. **상징적 아버지**는 실질적인 존재가 아니에요. 하나의 위치나 기능이라서 **부성기능**(paternal function)이란 용어와 동의어가 됩니다. 이 기능은 오이디푸스 콤플렉스에서 법을 정하고 욕망을 통제해요. 어머니와 아이 사이에 꼭 필요한 **상징적 거리**를 만들어 놓기 위해 모아 간의 상상적 이자관계에 개입하게 되죠. 상징적 아버지는 베일에 가린 방식으로 중재된다고 해요. 어머니의 담론에 의해 중재되기 때문이죠. 라깡에 따르면, 상징적 아버지는 죽은 아버지가 됩니다. 다시 말해, 아들들에 의해 살해된 원시종족의 죽은 아버지가 되는 거예요. 그런 아버지는 역시 강박신경증의 환상 속에 구현되어 있어요.

상징적 아버지는 **부명**(父名)으로 명명되기도 하지만 라깡은 상징적 아버지가 그에 상응하는 아무런 표상도 없다는 의미에서 순수한 **시니피앙**이 된다고 주장해요. 부명과 남근 시니피앙과의 사이에는 밀접한 관계가 있어요. 부명이 순수한 시니피앙이 되는 반면에, 오이디푸스 콤플렉스의 변화들은 불순한 것임을 보여주고 있죠. 주체가 오이디푸스 상황에서 되고 싶어 하는 상상적 대상인 남근, 즉 어머니의 욕망을 충족시켜줄 남근은 부성은유의 작용에 의해 하나의 시니피앙으로 변하게 됩니다.

상상적 남근에서 남근 시니피앙으로 옮겨가는데, 이런 통과는 상징적 거세에 의해 야기된 부성은유로부터 나온 결과죠. 상징적 거세는 자신의 성에 대한 히스테리의 질문이 제기되는 것입니다. "내가 남자인가 여자인가요?" 뿐만 아니라 자신의 실존에 대한 강박증의 질문도 나타나죠. "나는 죽어 있나요 살아 있나요?" 상징적 거세는 이런 질문에 꼭 필요한 남근적인 의미작용에 접근할 수 있도록 허용해줘요. 이런 질문들은 신경증 환자에 의해 제공된 대답으로 히스테리와 강박신경증에 다시 나타나게 됩니다.

상상적 아버지가 이마고(imago)라고 말하는 것은 주체가 아버지라는 형상 주위에 환상으로 만들어 놓은 모든 상상적 구조들의 합성물이 된다는 뜻이에요. 이러한 상상적 구조는 실제적으로 존재하는 아버지와는 아무런 관련이 없어요. 상상적 아버지는 이상적인 아버지로도 해석될 수 있고, 그 반대로 자식을 못 쓰게 만든 아버지로도 해석될 수 있어요. 전자의 모습은 종교에서 신의 형상의 원형이 되는 전능한 보호자이고, 후자의 역할은 무서운 아버지이자 박탈의 아버지인 겁니다. 아들들에게는 근친상간의 터부를 만들어 놓은 원시종족의 무서운 아버지이고, 딸에게는 상징적 남근을 빼앗거나 그 등가물인 아이를 빼앗았다고 비난되는 박탈의 아버지가 됩니다. 이런 두 가지 모습에서 상상적 아버지는 전능한 자로 보이네요. 그처럼 상상적 아버지는 라깡이 아버지의 형상들이라 부른 것으로 다양하게 변장되어 나타나죠. 이것들은 아버지의 상징적 역할과 **실재적 아버지** 사이에서 생겨나는 부조화나 불일치의 결과로서 출현하는 겁니다. 상상적 아버지의 전형적인 모습은 책임회피나 태만으로 나타나죠. 오이디푸스 콤플렉스의 아버지가 병적인 원인이 된다는 말입니다.

프로이트에게서 정신분석이 하나의 법만을 인정할 뿐이라는 것은 의미심장해요. 그것은 모든 사회의 중심부에 놓여 있는 오이디푸스 법칙으로서 모든 주체들이 이미 항상 위반해 왔던 법칙이니까요. 분명히 향락과 위반이 한 쌍을 이룹니다. 다시 말해서 위반 없이는 향락도 없다는 뜻이죠. 하지만 우리가 무엇을 위반했냐고 묻는다면 그 답은 분명하지 못해요. 위반이 법의 위반이라는 것은 분명해 보이는데, 프로이트의 오이디푸스 콤플렉스는 법과 향락 간의 관계에서 명료해지지 않아요.

아마도 프로이트가 향락과 법 사이의 관계에 대해 서로 상반된 견해를 갖는다고 말하는 것이 더 좋을 듯해요. 그 중하나는 오이디푸스 신화로 나타나고, 다른 하나는 원시종족의 신화로 나타납니다. 둘 모두 프로이트에게는 아버지의 신화가 되지만 가장 뚜렷한 차이점은 욕망과 법 사이의 관계에서 볼 수 있는 반전이죠. 오이디푸스 콤플렉스는 욕망과 향락이 법에 의해 통제되는 방법을 설명해주고 있어요. 소포클레스에게서 빌려온 오이디푸스 신화와 원시종족의 신화는 양쪽 모두 아버지의 살해와 관련되어 있습니다. 두 경우에 이런 살

해의 결과는 각각의 경우에서 법이 차지하는 위치 때문에 정반대가 된다는 거예요. 둘 모두 라깡이 아버지의 이름이라 불렀던 것을 다루고 있는데, 부명이라는 것은 향락과 법에 의한 통제에 밀접하게 연결되어 있는 시니피앙이죠. 그런데도 각각의 경우에 전개되는 법과 향락 간의 관계는 이상하게도 반전된 채로 끝을 맺어요. 오이디푸스 신화에는 처음부터 법이 존재하고 위반이 저도 모르게 일어났는데도 처벌을 요구하는 냉혹한 법이죠. 그 법은 향락을 앞지르게 되고 그때부터 향락은 위반의 형태를 취하게 됩니다.

다른 한편 『토템과 터부』에는 향락이 처음부터 존재하고 법은 그 뒤에 따라 나와요. 이 때문에 라깡은 오이디푸스 신화를 『토템과 터부』로부터 분리시키는 분열이 있다고 말합니다. 그것들이 각각 히스테리와 강박신경증의 임상경험에 대한 반응이기 때문이에요. 오이디푸스 콤플렉스는 프로이트가 히스테리의 임상에 대한 반응으로 만들어낸 신화이고, 『토템과 터부』에서 원시종족의 아버지라는 신화는 강박신경증의 임상에 대한 프로이트의 반응이 되는 것입니다.

5장 라깡의 임상정신분석

1. 억압·부인·폐제

　　미국 정신의학회의 정신장애 **진단통계편람**(*DSM*)에 나오는 진단체계는 계속 분화 중이라서 임상진료에 혼란을 가중시키고 있어요. 따라서 진단체계를 단순간결하게 신경증과 정신병과 성도착증으로 분류하는 라깡의 **임상구조** 혹은 **진단범주**를 소개할까 해요. 이런 구분이 그 어떤 방법보다 더 큰 식별력을 보여주고 있거든요. 라깡식 진단 기준은 주로 프로이트의 작업에 근거하고 독일 정신과의사인 에밀 크레펠린과 라깡의 유일한 스승인 프랑스 정신과의사 조르주 클레랑보 덕분으로 생각됩니다. *DSM*은 다양한 질환들을 가진 환자들의 치료에 있어서 분석치료자에게 구체적인 방향을 제시해주지 못해요. 하지만 라깡식 진단은 임상가의 치료목표를 안내해주고 분석치료자가 전이 내에서 선택해야 되는 위치를 가리켜줍니다.

히스테리와 강박증으로 구성된 신경증의 기제는 **억압**입니다. 성도착증의 주요 기제는 **부인**(disavowal)인데, 프로이트는 아이가 부인하는 것은 다름 아닌 "여성 성기에 대한 지각"이라고 규정했어요. 더 정확히 말해서 "지각에 관련된 생각"이란 거죠. 정신병의 주요 기제는 **폐제**(foreclosure)입니다. 제임스 스트레이치는 프로이트 전집을 번역할 때 폐제에 해당하는 단어를 그저 평범하게 거절하다(reject)로 옮겨놓았어요. 따라서 억압과 부인을 구분하면서 폐제의 중요성을 부각시켜보려고 해요. 프로이트의 의미로 단순화하면, 억압은 "자아가 무엇인가를 거부하는" 것이고, 부인은 "기억 속에 저장된 어떤 것의 인정을 거부하는" 것입니다. 폐제는 "현실의 어떤 부분을 자아로부터 뿐만 아니라 자기 자신으로부터도 쫓아내는" 것입니다. 신경증의 유일한 원인이 억압이듯이 정신병의 원인은 바로 폐제죠. 이 폐제는 정신병을 구성하는 요소예요.

여기서 이미 짐작되겠지만 **경계성장애**는 그에 상응하는

특별한 기제가 없습니다. 그에 따라 라깡 정신분석에서 경계
성장애는 진정한 진단범주에 속하지 못해요. 환자는 두 가지
임상구조들의 경계에 서있지 못합니다. 그 경계에 서서 망설
이고 있는 것은 임상가일 뿐이라는 거죠. 라깡의 관점에서 보
면 대부분의 경우에 경계선장애로 분류되는 환자들은 다른
신경증 환자들에 비해 치료가 "좀 어려운 신경증 환자"일 뿐
이라는 겁니다.

의학에서의 **증상**은 기본적인 질환의 지각 가능한 발현
(manifestation)입니다. 그에 따라 증상이란 개념은 표면과 심
층 사이, 현상과 그 현상의 감춰진 원인 사이의 기본적인 구
분 위에 세워지게 되죠. 여기서 **현상**이란 직접적으로 경험할
수 있는 대상을 말하고 원인이란 경험될 수 없어서 추론되어
야 하는 현상의 감춰진 원인을 말해요. 라깡 정신분석에서 실
제적인 초점은 환자의 증상이 아니라 임상구조에 맞춰져 있
어요.

라깡의 저술에서 증상이라는 것은 대개 신경증의 지각
가능한 발현인 신경증적 증상을 가리킵니다. 환각과 망상과
같은 정신병의 발현은 증상이라 부르지 않고 그냥 **현상**이라
불러요. 따라서 라깡 정신분석의 목표는 신경증적 증상의 제
거가 아니에요. 왜냐하면 신경증적 구조가 지속되는 한, 한

가지 증상이 사라지면 또 다른 증상으로 대체되기 때문이죠. 이것이 바로 분석치료를 다른 형태의 치료로부터 구분시켜주는 거예요. 라깡은 프로이트를 따라 신경증적 증상을 무의식의 **형성물**이라 부르고 두 가지 갈등적 욕망들의 타협일 뿐이라고 해요. 무의식이 언어처럼 구조화되어 있듯이 증상도 언어처럼 구조화되어 있기 때문에 증상은 온전히 언어의 분석으로 해소됩니다.

신경증 환자는 정신병 환자와는 대조적으로 **부성은유**를 설정해두고 확신보다는 의심에 우선권을 주고 있어요. 욕동의 많은 부분을 금지시키기 때문에 환상에서 더 큰 쾌락을 구하게 되죠. 신경증 환자는 억압의 구조를 갖고 있어서 **피억압물**이 말실수와 실착행위와 증상의 형태로 되돌아와요. 무의식은 오로지 억압의 결과로서 나타나니까 억압이 없는 정신병 환자에겐 무의식이 없다고도 말할 수 있어요. 여기서 라깡의 독특한 견해를 알아볼 수 있습니다. 억압된 것은 지각이나 정동이 아니라 그 정동에 부착된 생각이라는 겁니다. 그러니까 무의식은 정동이 아닌 생각으로 구성된다는 거죠. 이청준의 작품에서 볼 수 있듯이 우리가 살아가면서 쌓고 쌓이는 한(恨)을 분석할 때 귀중한 참고점이 될 수 있어요. 회상될 때 엄청난 감정이 붙어 나오는 그 기억들, 생각은 말이나 시니피앙을 통해 표현될 수 있다고 하니까 한풀이 같은 의미가 내포되어 있는 셈이네요.

2. 히스테리와 강박증

히스테리는 역사상 이집트의 초기시대에 강박증보다 더 먼저 임상 실체로 구분되었습니다. 기원전 1900년경 세계에서 가장 오래된 이집트 최초의 의학 기록인 "카훈 부인과학 파피루스"에 나와 있답니다. 히스테리는 신체에 나타나는데, 그건 사회적 신체로서 각각의 특정한 언어·사회·종교적인 모든 의미로 코드화되어 신체에 나타나는 겁니다. 히스테리의 현증들은 쉴 새 없이 변화하기 마련이에요. 그래서 많은 정신과의사들은 히스테리가 더 이상 존재하지 않는 것으로 잘못 믿게 되었어요. 더구나 19세기에 대유행했던 현증들인 마비라든가 눈멂, 귀먹음, 무성증, 무감각증 등등이 오늘날의 환자들에게서는 잘 나타나지 않거든요. 하지만 히스테리가 죽었다니! 결코 그렇지 않습니다. 쇼월터의 표현처럼, 히스테리는 "단지 새로운 시대에 대한 라벨을 갈아 붙였을 뿐"입니다. 새로운 딱지들로 바뀌었을 뿐이라는 겁니다.

히스테리는 "질병이 아니라, 오히려 대체 가능한 신체적 언어, 음성언어, 몸짓언어이고 아이콘적인 사회적 의사소통"이라고 말하는 학자도 있어요. 다시 말해서, 히스테리는 강박증과는 다른 방식으로 자신의 정신적 갈등이나 아픔을 내보이고 소통하는 것으로 구성되어 있다는 거예요. 프로이트가 강박증을 단지 "히스테리 언어의 방언"이라고 말한 걸 상기해 보면 강박증은 히스테리가 제공한 갈등 해결책의 한 가지 변형이라는 겁니다.

　　강박증의 갈등 해결책은 사고와 정동을 분리시켜서 어떤 경험에 연결된 정동을 다른 경험이나 사고로 전치시킵니다. 반면에 히스테리에서는 어떤 경험에 연결된 사고가 억압되어 있고 정동은 인식되지 않는 상태로 신체에 나타납니다. 하지만 우리는 어떤 유형의 임상적 표현들을 진단에 너무 빨리 연결시키고 있어요. 그렇게 하지 않도록 조심해야 합니다. 히스테리 환자는 수많은 사람들이 살고 있는 이 세계에 살아 있는 존재로 스스로를 내보이고 치료에서도 많은 시간이 지나야 자신에 대해 말하게 되는데, 그에 비해 강박증 환자는 흔히 그 자신의 세계에 사는 존재로 스스로를 내보이고 오로지 그 자신에 대하여 말할 뿐이죠. 히스테리 환자는 대개 분석가의 얼굴표정과 말에 잘 맞춰보려고 애쓰는데, 강박증 환자는 흔히 분석가의 눈길을 피하려 하고 그의 이야기에 관심을 두지 않아서 듣지 않으려는 듯이 보입니다. 히스테리 환자는 분석가의 견해에 매우 개방적인데, 강박증 환자는 자신 이외에는 아무에게도 영향을 받거나 도움 받지 않으려는 것처럼 보여요.

라깡은 히스테리와 강박증을 프로이트와는 다르게 구별합니다. 간단히 말해, 강박증은 결여를 느낀다는 거예요. 뭔가가 빠져 있다고 느끼는 거죠. 다른 사람에게서 향락의 대상을 얻어 그 결여를 메꾸려고 해요. 반면에 히스테리는 애초에 어머니나 아버지였던 대타자에게서 결여를 알아보고 그 결여를 스스로 메꾸려고 하죠. 더구나 강박증은 대타자에게 인식되는 결여를 못 견뎌하고 가능한 한 빨리 그걸 메꾸려고 해요. 반면에 히스테리는 대타자에게서 결여를 찾아내고 키워내는데, 그건 마치 그것에 인생의 한 자리를 내주는 것처럼 보입니다. 그것이 그의 존재이유(raison d'être)가 되는 거예요.

프로이트는 강박증과 히스테리가 어렸을 때 겪은 성적인 경험에 대해 특수한 방식으로 반응하는 거라고 했습니다. 강박증 환자는 죄책감과 싫어함으로 반응하고 히스테리는 혐오감이나 역겨움으로 반응하는 거랍니다. 이런 성적인 자세가 진단에 도움이 된다고까지 말하거든요. 핑크 교수는 히스테리 환자에게서 남자와의 성행위에 대해 음식과 소화에 관련된 은유가 떠오르는 묘사를 해주고 있어요. 주로 "역겹고 메스껍고 구역질난다"는 단어들입니다.

라깡은 신경증과 관련된 근본적인 물음이 "나는 무엇인가?"라는 **존재의 문제**라고 생각해요. 이 문제는 최초의 대타자인 부모의 욕망에 대한 아이들의 탐색과정 중에 나타나는 거지요. 부모의 욕망 속에서 자신이 차지하는 위치와 관련되어 있다는 거예요. 부모의 담론이나 행동의 불일치를 통해서 자신이 어떻게 존재하게 되었는지 그에 대한 자신만의 결론에 도달하는데, 그 결론이 바로 **근본환상**이죠. 히스테리의 주된 질문은 "내가 남자냐 여자냐?"이고 강박증의 주된 질문은 "내가 죽었느냐 살았느냐?"가 됩니다. 강박증 환자는 "나는 생각한다. 고로 존재한다."는 데카르트의 진술처럼 자신이 의식적으로 생각하고 있을 때에만 존재한다고 생각해요.

히스테리의 경우에 생각은 망각되어도 그 생각에 붙어있던 정동은 지속됩니다. 반면에 강박증의 경우에는 생각은 계속되는데도 정동을 불러내지 못해요. 강박증 환자는 생각과의 고리가 끊긴 예전의 감정을 분석관계에 전이시킴으로써 치료를 시작하게 되거든요. 라깡에게서는 프로이트가 제시하지 못했던 강박증과 히스테리의 구조적 이해를 위한 기본이 마련됩니다. 라깡은 기본적으로 히스테리와 강박증을 근본환상에 의해서 구분해요. 근본환상은 $\$ \diamond a$로 공식화하죠. 이 공식은 주체(빗금 친 주체)와 대상(타대상)과의 관계를 보여주는 거예요.

강박증 환자의 환상은 대상과의 관계를 포함하고 있지만 이 대상이 대타자에 연결된다는 것을 인정하지 않으려고 해요. 대상은 주체가 대타자로부터 분리되는 순간에 상실되는데, 강박증 환자는 대상과 대타자 사이에 존재하는 그 어떤 관계도 인정하길 한사코 거부하는 거예요. 오히려 대상을 자신의 것으로 간주하면서 대타자의 욕망 자체를 인정하지 않아요. 그와는 반대로 히스테리 환자의 환상은 자신이 상실한 에로틱한 대상과 관련해서 자신을 구성하는 것이 아니라 대타자가 **놓쳐버린** 대상과의 관계 속에서 자신을 구성하게 되거든요. 강박증 환자는 대상을 자신을 위한 것으로 간주하는데, 히스테리 환자는 대타자가 무엇을 욕망하는지 알아내서 그 스스로 대타자의 욕망을 지속시킬 수 있는 특별한 대상이 되려고 해요. 근본환상의 공식에 히스테리를 적용해보면, 주체의 자리에 위치했던 자신을 타대상인 a로 바꿔버리죠. 따라서 히스테리의 근본환상 공식은 $a \diamond A$로 쓸 수 있어요. 분석 치료에서 가장 흔히 만나게 되는 두 가지 신경증을 이렇게 감별해낼 수 있습니다.

　강박증 환자는 아무에게도 의존할 필요가 없는 자위행위를 즐긴다는 거예요. 혹은 실제적인 성관계에서도 파트너를 타대상의 우연한 용기(容器)나 매체로밖에 여기지 않고, 파트너를 대체하거나 교환할 수 있는 것쯤으로 생각한다는 거죠. 욕망의 실현에 이르게 되면 주체로서의 자신이 소멸(aphanisis)될까봐 두려워서 욕망을 이루지 못한다고 해요. 강박증 환자는 스스로를 완전한 주체로 생각해요. 그에 따라 강박증의 근본환상 공식은 S◇a로 바꿔 쓸 수 있어요. 강박증의 욕망은 "불가능한" 욕망입니다.

　히스테리는 강박증과는 달리 성 파트너인 대타자를 강조합니다. 대타자의 욕망을 지배하기 위해 스스로 그 욕망의 대상이 되어가는 거예요. 히스테리는 환상을 통해 자신을 대타자의 대상으로 위치시키고 애인이나 배우자인 대타자를 욕망하는 주체로 자릴 잡게 하지요. 실제로 히스테리 환자는 자신이 대상의 역할을 영원히 수행할 수 있도록 대타자의 욕망을 불만족한 상태로 유지시키려고 해요. 여기서 욕망하는 주체로서 대타자는 꼭두각시에 지나지 않은 셈이죠. 따라서 히스테리 환자의 욕망은 "불만족한 욕망에 대한 욕망"으로 그 특징을 삼을 수 있어요.

이렇게 라깡은 히스테리 환자의 주체적 위치가 불만족한 욕망에 있다고 규정했습니다. 히스테리의 환상 속에서 욕망하는 사람은 바로 남편이나 남자친구인 대타자(A)가 되죠. 따라서 언뜻 보기엔 히스테리 환자에게는 아무런 욕망도 없고 단지 남자의 욕망의 대상으로서 존재하는 것처럼 보인다는 거예요. 그렇다보니 페미니스트들은 라깡이 여성을 대상화한다고 비난하죠. 하지만 브루스 핑크는 라깡이 다만 기술하고 있을 뿐이라고 변명해줘요. 그렇다고 해서 히스테리 환자에게 욕망이 아예 없는 것은 아니에요. 히스테리 환자는 다른 곳에서 성적인 만족을 얻으려고 해요. 다른 여자라든가 자위행위, 식도락, 마약, 혹은 술 같은 데서 말이죠. 히스테리 환자에게서 볼 수 있는 성적인 만족과 욕망의 불일치는 우연한 것이 아니라 구조적인 것이라서 분석치료의 목표를 양자의 일치에 두어서는 안 된다는 겁니다.

3. 정신병

이제부턴 정신병의 진단기준을 살펴보려고 합니다. 주로 정신병 환자가 사용하는 언어 그리고 분석가와 맺는 전이, 이

두 가지를 중심으로 설명해갈 것입니다. 정신병에서 폐제된 요소는 부명(Nom-du-Père)이에요. 부명은 부성기능과 부성 은유에 밀접하게 관련되어 있어요. 특히 부성기능의 부재는 정신병의 진단에 가장 중요하고 확실한 기준이 되죠. 이런 부 성기능을 이해하기 위해서는 언어와 은유에 대한 이해가 필요 해요. 핵가족 내에서 부성기능은 엄마와 아이 사이에 위치해 서 엄마와 합일하려는 아이의 시도를 방해하거나 아이에게서 만족을 구하려는 엄마의 충족을 금지시켜요. 그처럼 부성기 능은 아이가 엄마로부터 일정한 거리를 유지하게 만드는 겁 니다.

이런 부성기능은 상징적인 기능입니다. 다시 말해, 아버 지가 일시적으로 부재할 때에도 지금 여기에 있는 것처럼 작 용할 수 있다는 겁니다. 그러니까 부성기능은 "이름으로서의 아버지"이고 아버지라는 시니피앙이 되는 거예요. 아버지는 엄마의 담론으로 구성되고 엄마의 말로서 형성됩니다. 간혹 엄마는 아이들에게 "우리는 아버지에게 이 이야기를 비밀로 할 거지, 그렇지?" 또는 "네 아버지는 자신이 뭘 이야기하는 지도 모른단다."라고 말하면서 남편의 위치를 격하시킬 수도 있어요. 또한 엄마는 평소엔 아버지를 따르다가도 그가 안 보 이는 곳에서는 그의 명령을 어길 수도 있거든요. 이처럼 부성기능은 아이의 아버지가 분명히 존재하는 경우에도 작용하지 않을 수가 있어요. 현실적으로 아버지의 부재와 현존이 분석 수행자의 임상 상황에서는 아무런 의미도 없어요. 이렇게 폐제는 일종의 기능이 됩니다. 그러한 폐제를 초래할만한 모든 환경이나 가족형태를 일일이 열거할 필요는 없을 것 같군요.

정신의학에서는 대개 환각을 정신병의 결정적인 진단기준 가운데 하나로 받아들이는 것 같아요. 현재 미국에서는 환자가 환각을 말하면 그 즉시 정신병 환자로 분류되어 약물을 처방하거나 수용시킬 수 있어요. 하지만 환각은 정신병의 진단기준이 될 수 없다는 거예요. 배고픈 아이가 먹는 환각을 경험할 수 있듯이 환각은 일차과정 사고의 전형적인 형태가 되고 백일몽이나 환상과 꿈꾸기의 구성요소가 되는 거예요. 환각은 부성기능의 실패로 오는 결과가 아닙니다. 라깡은 열두 번째 세미나에서 "증상의 존재를 믿는 것과 증상을 믿는 것은 분명히 다르다."고 말했어요. 이것이 바로 신경증과 정신병의 차이죠. 정신병 환자는 목소리의 존재를 믿을 뿐만 아니라 그 내용을 사실로 믿는 겁니다. 이처럼 확신은 정신병의 특징이지만 의심은 신경증의 임상양상을 지배하거든요. 의심은 신경증의 증명서라고 해요. 강박증 환자도 가끔 환각에 빠져요. 그런 환각은 환청이란 특성을 보이는데 초자아의 목소리이기 쉬워요.

우리는 때로 우리의 의도를 전달해줄 단어를 찾지 못해서 쩔쩔매는 경험을 합니다. 또는 우리의 의도에 대해 너무 많은 말을 하거나 너무 적게 말해서 핵심을 벗어나는 경우도 있어요. 라깡은 이것을 언어 속의 소외라고 부릅니다. 신경증 환자는 부분적으로나마 언어 속에 자리를 잡아요. 부분적으로 언어를 자신의 것으로 만든다는 거죠. 하지만 정신병 환자는 언어에 의해 소유되는 느낌을 받든가, 아니면 말이 마치 내부가 아닌 외부로부터 오는 것 같다고 느껴요. 다시 말해, 떠오르는 생각들이 외부의 실체나 그의 힘에 의해 자리를 잡는 것처럼 간주된다는 겁니다.

여기서 잠시 라깡의 거울단계를 재구성해 봐야겠군요. 거울 앞에서 아이를 안고 있는 부모가 인정이란 상징적인 몸짓을 내보일 때 거울상은 그 중요성을 얻어내게 됩니다. 상상계는 상징계인 부모의 언어에 의해 재구조화되고 덧쓰이게 되거든요. 새로운 언어질서인 상징계가 이전의 상상계를 대신한다는 뜻이에요. 언어가 인간의 실존을 지배하고 결정한다고 말하는 거죠. 이렇기 때문에 라깡은 상상계만을 중시하는 대상관계이론을 비판하는 겁니다. 분석의 유일한 매체가 말이기 때문이에요. 대니 노버스는 『라깡과 프로이트의 임상정신분석』에서 제1장의 제목을 "말에 의한 진단과 전이"라고 붙였어요. 이 덧쓰기는 프로이트의 거세 콤플렉스와 관련되어 있어요.

정신병의 경우에는 이런 덧쓰기가 일어나지 않습니다. 정신병은 은유가 작동되지 않고 **거세 콤플렉스**가 시작되지 않은 경우죠. 정신병에서는 상상계가 계속해서 지배권을 행사한다는 것이 핵심인데, 상징계가 상상계를 재구조화한 것이 아니라 단지 타자에 대한 모방을 통해 상징계에 동화된 것뿐이에요. 정신병 환자가 언어의 본질적인 구조를 동화할 수 없다는 사실은 그가 새로운 은유를 창조해낼 수 없다는 것으로 입증되는 거예요. 주위사람들이 사용하던 은유나 책에서 읽은 은유를 사용할 수는 있지만 새로운 은유를 고안해내지는 못한다는 거죠. 따라서 정신병 환자의 담론에는 **창조적인 은유**가 없어요. 대부분의 사람들이 새로운 의미를 만드는 데 사용하는 **시적인 장치**를 정신병에서는 찾아볼 수 없는 거예요. 여기서 가장 중요한 은유는 다름 아닌 **부성은유**입니다. 부성기능은 은유의 구조를 만들어내는 기능으로 간주되거든요. 불어의 Nom과 Non은 동음이의어라서 "농"은 이름과 "안 돼!"라는 금지명령을 의미하니까 부명(父名)은 부명(父命)이 되죠. 따라서 이름으로서의 아버지는 엄마를 지워버리거나 중화시키고 대체하게 됩니다. 이렇게 부성은유는 거세 콤플렉스와 많은 부분에서 일치합니다.

금지가 욕망을 창조한다고 해요. 아버지의 금지는 엄마에게서 얻을 수 있는 쾌락에 대한 욕망을 구성하거든요. 최초의 억압은 엄마에게서 얻을 수 있는 만족에 대한 욕망을 잊어버리게 해요. 억압이 일어난다는 징조는 아이가 엄마의 애무와 포옹을 혐오스럽고 불쾌하고 부적당하게 느끼기 시작할 때 분명해져요. 단지 아버지가 뭔가를 금지하려 한다는 사실만으로 이미 언어와 의미 사이에, 시니피앙과 시니피에 사이에 깨질 수 없는 관계가 설정되어 버리죠. 이것이 바로 라깡이 말한 "누빔 점" 혹은 고정점이에요. 정신병의 경우에는 부성은유가 기능하지 못하고 언어구조가 동화되지 못해요. 은유를 만들어내지 못하기 때문에 새로운 단어인 신조어를 만들어내고 그 신조어에 남다른 애착을 보입니다.

라깡 정신분석에서 상상계와 상징계의 구분은 정신병과 신경증을 구분하는 일에 매우 유용한 도구가 됩니다. 신경증 환자는 분석 초기에 부모라든가 권위적인 인물, 사회적인 기대와 자존심이 걸린 문제에 대해 불평하게 되는데, 그의 주된 문제가 상징적인 대타자와의 문제라는 것을 쉽게 확인할 수 있어요. 신경증 환자는 부모라는 대타자의 이상에 대한 내적인 갈등을 앓게 되는데, 정신병 환자의 갈등은 경쟁자나 연인처럼 자신과 비슷한 연배의 타자들과의 관계에서 일어나요. 정신병은 권위적인 인물로부터 동의를 구하려고 하지 않아요. 그럴 때면 환자가 상상계의 수준에 위치해 있는지 확인할 필요가 있어요. 핑크 교수의 사례로서 어떤 사진작가는 동료가 자신의 일자리를 빼앗으려 한다고 말할 정도로 심각한 상태였어요. 그들은 함께 일하는 곳의 책임자인 나이 많은 아버지 같은 인물을 만족시키고 싶은 욕망 때문에 일어난 갈등이었어요. 따라서 핑크 교수는 그를 신경증 환자로 진단했습니다.

라깡에 따르면 욕망은 질문입니다. "Desire is a question." 하지만 정신병 환자에게는 "욕망의 변증법"을 위한 자리가 없어요. 욕망이라는 것이 없다는 뜻입니다. 왜냐하면 언어의 구조가 없는 곳에서는 욕망이 작동하지 않기 때문이죠. 억압이 없기 때문에 의심과 질문도 없어요. 그는 자신의 과거라든가 동기, 심지어 사고와 꿈에 대해서도 전혀 의문을 제기하지 않아요. 정신병 환자는 동일한 문장을 계속해서 반복하는 경향을 보이죠. 그에겐 반복이 설명을 대신하기 때문이에요. 정신병의 임상구조는 장시간의 분석치료로도 변하지 않는다는 겁니다. 그래도 라깡 정신분석에서 진단은 분석가가 환자들에게 개입할 수 있는 요령을 알려주고 정신병을 치료할 수 있는 토대도 마련해줘요. 분석의 목표는 상상계를 복구함으로써 정신병의 발병 이전에 존재했던 안정 상태를 회복시켜주는 일인 것입니다.

프로이트는 『정신분석 입문강의』에서 "매우 뚜렷한 형태로서 편집증과 조발성 치매는" 분석치료에 "접근하기 어렵다"고 생각했어요. 그 환자들에게는 전이가 부재하기 때문이죠. 조발성 치매란 정신분열증인 조현병의 옛날 용어죠. 프로이트는 정신분열증에서 작동하는 특정한 과정이 "억압의 과정과 거의 동일한" 것이라고 주장했는데, 그 점은 지금으로선 받아들이기가 어려워 보입니다. 프로이트는 무의식이 정신분열증에서는 "리비도가 탈부착된다(decathect)."는 가설을 세웠어요. 라깡은 초기 작업인 『정신증』이란 세 번째 세미나에서, "나의 출발점은 다음과 같습니다. 무의식은 정신병에도 존재합니다. 하지만 그것은 기능하지 않습니다." 그러나 약 20년 뒤에 라깡은 "폐제"라는 표현을 사용하여 정신병에서 보이는 "무의식의 거부"에 대해 말합니다. 핑크 교수는 프로이트나 라깡보다 더욱 단정적으로 표현해요. 『라깡 정신분석 테크닉』에서, **정신병에는 무의식이 없어** 정신병 환자의 치료에서는 접근방법을 근본적으로 바꿔놓는다는 겁니다.

환자에게서 정신병을 인식해내지 못해 실패한 사례로

잘 알려진 환자가 바로 프로이트의 늑대인간입니다. 그 환자는 4년간이나 프로이트와 분석치료를 경험한 뒤에도 그 당시 프로이트의 가장 가까운 동료였던 브런즈윅과 가디너를 찾아가 분석 작업을 했다는 겁니다. 오늘날의 분석가들은 정신병 환자에 대한 프로이트의 작업을 서로 다른 두 가지 방법으로 향상시켰어요. 어떤 분석가들은 신경증과 정신병을 구별하지 않는 것처럼 보입니다. 그들이 가장 좋아하는 진단은 경계성 인격장애와 자기애성 인격장애인데, 그런 진단은 신경증과 정신병의 구분을 흐릿하게 만들었어요. 그들은 어떤 사람이 어느 순간엔 정신병이었다가 그 다음엔 신경증으로 되돌아간다고 믿는데, 그런 믿음은 결코 구조적인 관점이 아니죠. 이런 방법은 현시점에 초점을 맞추고 지지정신치료에 가까워서 결국엔 무의식을 한쪽으로 밀쳐놓게 되는 거예요. 신경증 환자에겐 이런 방법은 상서롭지 못하지만 정신병 환자와의 작업에는 필요한 겁니다.

한편 라깡학파 사람들은 환각과 망상 같은 명백한 징후들이 없을 때라도 정신병의 진단에 능숙합니다. 그들은 최근 몇 년 동안 "일상정신증"이란 개념을 만들어냈는데, 이채롭거나 노골적인 증후들을 나타내지는 않지만, 그런데도 그 환자는 신경증적 방식으로 가동되는 무의식을 갖지 않는다는 거죠. 따라서 신경증보다는 정신증 환자들을 위한 테크닉에 대해 완전히 다른 접근방법을 만들어내서 정신증에는 매우 달라진 방법으로 작업해 오고 있어요. 그 환자들이 정신증적이라는 것을 인식하지 못할 때일지라도 오늘날 일반적으로 정신증 환자들과의 작업에서 프로이트 때보다 더 큰 성공을 거둔다고 말해도 좋을 듯해요. 일상정신증에 대해서는 다음 장에서 더욱 자세히 알아볼 것입니다.

4. 전이와 분석치료

어떤 정신증 환자들의 경우에는 평생 동안 약물을 복용할 필요가 있습니다. 그 밖에도 오랫동안 약물의 도움이 필요한 경우라면 그것은 실질적인 치료가 아니라는 것을 암시해주는 거죠. 치료라는 것은 채택된 치료 형태로부터 환자들을 마침내 자유롭게 해주는 것으로 이해되기 때문이에요. 모든 형태의 정신치료가 설정하는 명백한 목표는 환자들에게 더이상 치료를 필요하지 않게 하거나 그 이후 오랫동안 필요 없게 하는 겁니다. 프로이트는 『정신분석 입문강의』 제28강 「분석치료」에서, 분석치료는 의사와 환자 사이의 내부 저항들을 걷어 올리는 저항의 극복을 통해 환자의 정신생활이 영구적으로 변하게 되고 높은 수준으로 발달하게 되어 병에 걸릴 새로운 위험성으로부터 보호하는 거라고 말합니다.

분석치료에 대한 프로이트의 접근방법은 가끔 그 자신의 실천이론을 잘 따라주지 못한 것 같았다는 겁니다. 프로이트는 환자들과의 작업에서 그 자신의 인격과 편견, 선호, 그리고 문화적 관련을 지닌 한 사람으로서 작업하게 되더라고 하는군요. 그러나 환자들이 스스로 동일한 해석에 도달할 때까지 분석가는 한 발짝 뒤로 물러나 먼저 해석하지 말라는 귀중한 충고도 해줍니다. 이후 세대의 분석치료자들이 정신분석을 얼마나 향상시키고 갱신했을까요? 오히려 향상과 갱신을 가장하여 사실상 가장 중요한 것을 버리지 않았을까요?

1940년대와 1950년대의 자아심리학자들은 방어에 초점을 맞추기 시작했어요. 이것을 "방어의 분석"이라 불러요. 그들의 실제적인 임상진료는 방어에 사로잡혀 있어서 무의식을 잊어버린 거예요. 클라인학파와 관계주의자 그리고 상호주관주의자는 분석관계의 "현시점"에 초점을 맞추기 시작했어요. 환자들이 말했던 모든 것을 분석가와의 전이관계로 끌어들였습니다. 이렇게 해서 그들은 환자가 앓고 있는 신경증을 "전이신경증"으로 변형시켰죠. 군사적인 은유로 말해보면, 전이의

"전쟁터"에서 리비도와 자아 사이의 전투를 해결하도록 한다는 겁니다. 또한 전이로 작업하는 것이 프로이트의 작업보다 더욱 효과적인 방법이라 생각하는 것 같아요. 라깡은 그들이 전이에서 진행되는 것에 대하여 "객관적인 외부 관찰자"가 될 수 있는 것처럼 생각한다고 비판합니다.

"투사적 동일시"는 전이에 관련하여 현대 분석가들이 가장 소중한 혁신으로 간주하는 개념이에요. 어느 정도 단순화하면, 분석가들이 진료과정에서 생각하거나 느끼거나 혹은 경험하는 것을 환자들이 분석가들에게 "넣어" 준 것으로 생각한다는 거죠. 이것이 일어나는 기제에 대해서는 만족스런 설명을 들은 바가 없어요. 경험적 연구를 시행해보면 분석가가 지원자들로부터 자신에게로 투사된다고 말했던 것과 지원자들이 느끼고 생각하고 말했던 것 사이에 일치하는 일이 거의 없다는 겁니다. 그래서 투사적 동일시에 대한 분석가의 믿음은 초감각적 지각에 대한 믿음에 가까워 보인다고 해요. 그런 일치는 그들이 얼마간 함께 작업해 왔을 때에 일어나죠. 그걸 더 잘 설명할 수 있는 것은 "투사적 동일시"가 아니라 환자들이 보이는 굉장히 많은 단서들 덕분에 그 환자들에게 분석가가 익숙해졌기 때문이라는 거예요. 여기에는 말과 비언어적 소리, 말의 리듬, 자세, 몸짓언어, 기타 등등이 포함되죠.

더욱 새로워진 정신분석학파에서는 전이 관계의 현시점에 초점을 두어 기억하기보다 행동화에 우선권을 주고 있어요. 프로이트의 사고방식으로는 반복보다 기억의 촉진을 훨씬 더 선호하고 있습니다. 라깡은 프로이트의 관점을 되풀이하여 환자의 행동화는 분석가가 치료에서 자신의 자세나 입장을 바꿔야 하는 의미라고 보거든요. 현대의 정신분석학계는 프로이트와는 달리 기억보다 반복이 환자들에게 더욱 바람직한 것처럼 진료하고 있어요. 이런 진료가 프로이트를 넘어선 것인지 단순히 프로이트를 망각한 것인지 알 수 없다고 해요.

프로이트는 1912년의 논문인 「정신분석에서 무의식에 관한 노트」에서 잠재성과 무의식의 차이점을 자세히 논의하고 있습니다. 하지만 프로이트는 훗날에 자아와 초자아의 "무의식적인 측면"에 대해 말하면서 혼란을 야기하고 있는데, 엄밀히 말해, 그런 측면들은 의식의 바깥에서 작용하기 때문에 "비의식적인"(nonconscious) 또는 전의식적인(preconscious) 것이라 할 수 있지만 억압된 것은 아니라는 뜻입니다. "의식의 분열"은 정신증에 대조되는 신경증으로 이해될 수 있고 우리 모두에게 일어나는 일입니다.

전이는 오늘날 분석가에 대한 환자의 관계를 말하는데, 관계를 맺는 방법에서 불가피하게 부모와 주변인물과의 초기

관계를 반복하게 된다는 거예요. 치료에 방해가 되면서도 동시에 치료를 진전시키는 이러한 전이의 역설적인 성질 때문에 정신분석 이론에서 전이를 보는 견해가 서로 달라지고 상반될 수 있다고 해요. 그러나 라깡의 전이는 매우 독특한 개념입니다. 이런 전이에 대한 라깡의 생각도 몇 단계를 거쳐 발전해 왔는데, 우선 라깡은 전이를 정동의 개념으로 규정하는 자아심리학을 비판하고 있어요. 다시 말해, 전이가 애증과 같이 특별히 강렬한 정동으로 나타나더라도 그러한 감정으로 구성된 것이 아니라 주체상호 간의 관계 구조로 구성되어 있다고 주장합니다. 라깡의 첫 번째 세미나에서 전이는 말하는 화자와 듣는 청자를 변화시켜주는 기호의 교환에 관련된 발화행위 속에 내재되어 있다고 해요.

『세미나 II』에서는 전이의 상징적 측면인 **반복**이 주체의 역사에서 그 시니피앙을 드러냄으로써 치료의 진전을 도와준다고 하는데, 그 반면에 상상적 측면인 사랑과 증오는 치료에 대한 저항으로 작용한다는 거예요. 그의 여덟 번째 세미나인 『전이』에서 분석수행자는 자신의 욕망의 대상을 분석가에게서 찾아내려 한다는 거죠. 『세미나 XI』에서 라깡은 드디어 전이를 "알 것으로 가정된 주체"라는 개념으로 이해하는데, 불어로 "sujet supposé savoir"는 S.s.S.로 약칭하니까 우리도 "알

가주"라고 불러봤어요. 이렇게 상정된 전지주체가 전이에 대한 라깡의 핵심개념이죠. 전이가 사랑의 모습으로 나타난다면 그것은 무엇보다도 무의식적 지식(savoir)에 대한 사랑이에요. 전이는 지식을 대타자의 속성으로 보는데, 다시 말해, "대타자는 알고 있는 주체"라고 가정한다는 거죠. 라깡은 "안다고 가정된 주체가 어떤 곳에든 존재하자마자 거기에는 전이가 있게 된다."고 말합니다. 이걸 깨달으면 환자와의 부적절한 감정 놀이에 빠지지 않을 수 있어요.

핑크 교수는 『라깡 정신분석의 테크닉』의 제10장 「정신병의 치료」에서 "정신병의 진단"을 담론의 형태와 전이로 나눠 설명하고 있습니다. 우리는 분석수행자가 분석가와 형성하는 전이관계의 종류를 고려함으로써 신경증과 정신병을 구별하는 방법을 배울 수 있어요. 자신에 대해 많은 것을 억압해왔던 신경증 환자는 자신에 대해 놓치고 있는 지식, 즉 자신에 대하여 갖고 있지 못한 지식이 대타자로서의 분석가에게 있다고 믿는 겁니다. 신경증적인 분석수행자는 지식을 소유하는 것으로 생각되는 사람에 대해 자연스럽게 사랑을 느끼면서 자신의 증상들과 환상과 꿈의 의미를 말해 달라고 분석가에게 흔히 노골적으로 요구하는 거죠. 반면에 정신병적인 분석수행자는 그런 요구를 전혀 하지 않아요. 정신병 환자는 인생에서 겪는 어려움들의 의미에 대해 분석가가 특별히 뭔가를 알고 있으리라고 가정하지 않는다는 거예요. 정신병 환자들은 의도되지 않았던 자신들의 말에서 분석가가 들었던 단어나 구절에 흥미를 느끼지 못해요. 그들은 자신들의 가장 깊숙한 곳에서 이뤄지고 있는 작용들에 관한 어떤 특별한 지식을 분석가가 소유하리라고 가정하지 않기 때문이지요.

신경증 환자는 자신의 진실이 이미 분석가에게 알려져 있다고, 분석가가 사전에 알고 있다고 믿어버리는 착각을 불러일으키기 쉬운데, 정신병 환자는 그런 착각을 인정하지 않는 겁니다. 신경증 환자는 자신의 병의 비밀스런 원인이 무엇이고 어떻게 고치는지 대타자인 분석가가 그 방법을 안다고 생각하는데, 정신병 환자는 무엇이 자신을 괴롭히는지 대타자가 안다고 인정하지 않는 거예요. 신경증 환자는 간혹 분석가가 그를 미쳤다거나 나쁘게 생각할까봐 걱정된다고 해요. 그런데 정신병 환자는 자신의 정신이 온전한지 혹은 미쳐가고 있는지 알고 싶을 수는 있지만 그들이 미쳤다고 분석가가 생각하는지 어떤지 그 여부에 대해서는 알고 싶어 하지 않아요. 다시 말해서, 자신이 미쳤는지 알고 싶어 하는 사람은 오히려 신경증일 가능성이 더 크다는 겁니다. 이처럼 알고 싶어 하는 그 자체는 진단의 유용한 바로미터가 될 수 있어요.

정신병 환자들도 분석가의 실제적인 충고가 도움이 된다고 생각할 수 있지만, 자신들의 문제에 대한 특별한 통찰이나 지식을 분석가 덕분에 얻은 거라고 생각하지 않는 겁니다. 그들은 마음속으로 분석가도 그들과 근본적으로 다르지 않다고 생각하기 때문이죠. 다시 말해, 분석가는 그들에게 **타자**일 뿐이지 **대타자**가 아니라는 거예요. 여기서의 요점은 분석수행자가 자신에 관한 어떤 지식을 분석가에게 전이시킬 수 있는지 그 여부가 됩니다. 달리 말해서, 분석수행자가 자신의 분석가를 전지(全知)의 대타자로 볼 수 있느냐는 거예요. 만일 어떤 환자가 분석가를 지식의 위치에 놔둘 수 있다면 분석가는 그 환자에게서 정신병을 제외시킬 수 있어요. 정신병 환자가 분석가에게 전이를 일으킨다면 그것은 지식이 아니라 애증과 관련될 수밖에 없어요. 물론 신경증 환자는 둘 모두와 관련되기 쉽죠.

전이에 이어 라깡학파의 치료방법으로서 "실재계에 적중하는 해석"에 대해 알아볼까 합니다. 핑크 교수의 사례인 히스테리 환자는 옆방에서 부모들이 다투는 소리를 종종 엿듣게 됩니다. 그녀는 옆방에서 무슨 일이 벌어지는지 알고 싶어 그 소란이 끝날 때까지 잠을 못자고 숨죽이며 조용히 있어야 했다고 기억해요. 그녀는 때때로 그 소란이 무엇이었는지 말할 것 같다가도 매번 그 주위를 맴돌 뿐이에요. 마치 그것에 대해 말하기가 불가능한 것처럼 말이죠. 어느날 그녀는 부모들이 싸우는 동안 그 소란이 끝날 때까지 귀를 기울였다고 말했어요. 그때 분석가는 부모들이 성관계를 갖는 것으로 부부싸움을 끝내지 않았을까 라고 암시하는 몇 마디를 던졌다는 거예요. 이 말은 분석가의 **구성**이죠. 분석가는 부모들의 격렬한 관계에 대한 그녀의 말에 근거해서 그와 같은 시나리오를 구성했던 거예요. 그녀가 이미 그것을 알고 있었는데도 말하길 꺼려했다고 볼 수는 없어요. 오히려 분석가의 개입에 의해 그녀 자신이 결코 이해하지 못했던 유년기의 어떤 장면을 재구성하게 되었다고 보는 겁니다. 분석가가 개입하자마자 그 당시에 그녀는 부모로부터 막내 동생의 임신에 대한 말을 들었다고 기억하게 되었어요.

　　분석가의 구성이라는 특수한 개입 이후에 그녀가 이전엔 결코 이해할 수 없었던 과거의 어떤 장면을 재구성하게 되는 거라고 핑크 교수는 생각해요. 이런 개입이 바로 "실재계를 적중시키는 해석"인 겁니다. 실재계라는 것은 아직 상징화되지 않은 것, 말로 옮겨지지 않은 것이죠. 분석가는 그녀가 어렸을 때 보고 들었던 것에 **이름을 붙여줌**으로써 그것을 중화시킨다고 말해요. 상징화를 통해 그것에 투자된 막중한 양의 감정을 배출시키는 작업이죠. 언어로 표현되자마자 그 고착이 풀렸다고 볼 수 있어요. 해석이 실재계를 적중시킨다는 것은 진실에 적중시키는 것이 아니라 오히려 **진실을 창조해내는 것**입니다. 진실은 해석에 의해 찾아지거나 발견되는 것이 아니라 창조되는 거예요. 그녀는 3년에 걸쳐 거의 모든 것을 말했지만 그것만은 말하지 못했어요. 수차례의 분석시간 동안 그녀는 그 주위를 맴돌면서 분명히 그것에 대한 이야기를 기다리고 있었던 셈이죠. 해석이 진실을 창조하려면 그를 위한 토대가 마련되어야 해요. 주변자료가 먼저 해명되고 분석가와의 관계도 공고해져야 합니다. 그러나 핑크 교수는 이 환자가 완전한 **주체화**를 이루지 못했다고 말해요. 주체화란 대타자의 책임이라 여겼던 것을 자신의 책임으로 깨닫는 과정을 말합니다.

6장 일상정신증

1. 21세기의 시니피앙

"일상정신증"은 라깡의 학문적·법적 상속자인 자크-알랭 밀레르에 의해 1998년에 소개된 용어입니다. 밀레르는 일상정신증(ordinary psychosis)이 매우 흔히 보이는 사례라고 합니다. 이미 라깡은 경계선장애나 자기애성장애가 치료에서 비효율적인 진단범주로 생각되어 그 용어의 사용을 꺼려했어요. 라깡은 임상 증상에 있어서도 시대의 변화를 예기하고 있었던 거예요.

경계선상태는 1990년대에 오토 컨버그에 의해 정립되었습니다. 이 인격장애는 증상에 의해 정신병에서 분리된 것이 아니죠. 안나 프로이트의 자아 방어기제에 따라 정신증에서 분리해낸 거예요. 이 장애로 컨버그는 *DSM*의 생물학적 클리닉과 성공적인 타협을 이루게 됩니다. 정신분석이 생물학적 클리닉과 타협하기 위해 새로운 개념을 만들어내고 *DSM*에 Axis II를 유지시켜냅니다. 하지만 *DSM − 5*에는 인격장애란 범주가 사라지고 말았어요.

생물정신의학은 이런 타협을 필요로 하지 않습니다. 오늘날 우리는 약물의 대량처방에 직면하게 되었어요. 우리 시대의 주인 시니피앙은 단연코 **우울증**이라 볼 수 있지요. 이 우울증이란 시니피앙에서 주체는 그 자신을 인식하게 되니까요. 이런 사실이 우리로 하여금 일상정신증이란 시니피앙에 이르게 만든 거예요. **일상적인**(ordinary)이란 단어는 옥스퍼드 철학이라고도 부르는 **일상언어철학**에서 따온 말입니다. 전통적인 철학의 문제점이 철학자들이 매일 사용하는 용어의 의미를 잘못 적용한 오해에서 비롯된 것이라고 보는 거예요. 따라서 철학 이론에 사용되는 언어를 일상 언어의 입장에서 비판적으로 접근하는 겁니다. 특히 비트겐슈타인 이후에는 옥스퍼드를 넘어 외부의 주목을 받게 되죠. 라깡학파에서는 일상정신증이란 시니피앙으로 21세기의 시니피앙을 만들어내려 하는 것입니다. "일상적인"이란 단어 뒤에 정신병이란 단어를 붙이기가 좀 어색해서 정신병 대신 "정신증"이란 용어를 선택하게 되었습니다.

2. 일상정신증의 특징

일상정신증의 특징은 아버지의 이름이란 전통적인 주인 시니피앙의 힘이 끝났음을 보여주고 있어요. 상징적인 법의 유일한 시니피앙인 부명의 다원화가 임상 분류의 구성 축을 바꿔놓았어요. 전에는 바로 이 부명이 신경증과 정신증 사이를 구분해주었거든요. 이래서 라깡은 부명을 정상화와 승화라고 불렀다가 나중에는 부명을 증상이라 부르게 되었습니다. 억압의 유무에 따라 신경증과 정신증을 구별해왔는데 그 둘 사이에 진정한 경계 지역이 없어졌다는 거예요. 따라서 핑크 교수는 두 진단 사이의 경계선에서 주저하고 흔들리는 사람은 임상가이지 분석수행자가 아니라고 말해요.

그 비슷한 이야기를 이미 자크-알랭 밀레르가 했어요. 신경증과 정신증 사이를 분리시키는 장벽이 너무 두꺼워져 우리의 임상이 매우 엄격하게 둘로 나뉘어져 있기 때문에 부드럽게 만들 필요성을 느꼈다는 거예요. 그는 일상정신증을 이원성에 의해 제외된 제3항을 개입시켜 보려는 시도로 봐요. 예를 들어, 수년 동안 환자의 신경증을 의심해볼 만한 충분한 이유가 있었을 때 일상정신증으로 생각해볼 수 있다는 거죠. 정신증의 명백한 징후를 인식할 수 없을 때에도 일상정신증으로 생각하게 된다는군요. 그렇다면 그것은 숨겨진 정신증이나 베일에 가려진 정신증으로 볼 수 있습니다.

정신분석의 기준에 따른 평가 프로그램을 다듬어내려는 평가 애호가들이 국제정신분석협회 내에 존재해요. 그런데 치료 효과에 대한 장기간의 평가 프로그램에는 국립정신보건원의 재정지원을 찾아보기 어렵다고 하네요. 그런 연구에는 민간자금을 끌어오는 일이 정신분석협회의 과제인가 봐요. 만일 그렇지 못하면 2030년에는 정신분석협회에 단 한 명의 회원도 남아있지 않을 거란 비관적인 의견들이 있다고 해요. 하지만 라깡학파의 프로그램은 정반대죠. 우선 그런 평가를 거부한 다음 그런 평가가 어째서 완전히 잘못된 시각인지 설명해줘요. 라깡학파의 모임인 세계정신분석협회의 2대 회장이었던 에릭 로랑은 2030년에 한 명의 회원도 존재하지 않는 곳은 평가자들의 모임이지 분석학회가 아니라고 분명하게 말합니다.

평가를 기초로 해서 생겨난 접근방법이 바로 **약물칵테일의 대량분배**예요. 라깡은 후기 가르침에서 우리의 시각을 바꿔놓고 있습니다. 정신증에 기반을 두는 신경증의 시각으로 임상을 재고해야 한다는 거예요. 부명에 관해서는 3500년 전의 모세를 참조할 수 있어요. 그런 대타자가 존재했던 시대에는 편집증 환자들이 치료받기 위해 교회나 군대에 들어가게 됐어요. 부뉴엘 감독의 《이상한 정열》이란 영화에도 가톨릭교단에서 수도자의 편집증을 치료하는 장면이 나오는데, 부뉴엘은 라깡의 명제를 직접 도입해온 것이라 하죠. 요즘의 양극성은 우울증을 닮은 탁월한 시니피앙이 된다고 해요. 거대한 제약회사는 그런 시니피앙들의 효과를 시험하기 위해 엄청난 마케팅 부서를 두고 있답니다. 마케팅은 양극화된 세계에서 그 시대의 입맛에 맞는 시니피앙을 측정해 보려고 해요.

하지만 1989년 베를린 장벽이 무너지면서 양극화시대도 종말을 고하게 되었다는데, 우리도 과연 그런 시대를 살고 있을까요? 세계는 지금 대타자의 수준에서 다극화 시대를 살고 있습니다. 현대의 제약업계는 그들 나름의 시니피앙을 만들어내고 있어요. 이런 시니피앙들을 이용해야 하는 것은 분석가의 몫이죠. 물론 급성의 정신병 상태는 입원되어야 하고 약물을 투여해야 하겠지만 환자의 인권문제로 지금 사법입원제가 국회에서 발의되고 있어요. 분석가들은 그들이 언제 약물을 떼어낼 수 있을지 알아내야 하고 그런 절호의 기회를 놓치지 않도록 해야죠. 환자들은 아마 곧 자기들이 일상정신증이라고 말하면서 분석치료를 원하게 될 것입니다.

3. 늑대인간 = 일상정신증

여러분이 잘 알고 있는 프로이트의 늑대인간(본명은 판케예프)이 일상정신증의 한 사례라고 소개하는 러셀 그릭 교수의 논문을 소개할까 합니다. 프로이트가 1926년 10월에 늑대인간을 미국의 분석가인 루스 맥 브런즈윅에게 의뢰했을 때 그의 상태가 썩 좋은 편은 아니었어요. 프로이트의 늑대인간 분석은 1910년부터 4년 동안 지속되었는데, 분석이 끝나고 판케예프가 떠났을 때 프로이트는 치료에 만족하고는 그 환자의 치료가 "근본적이고 영구적인" 것이라고 생각했어요. 그러나 늑대인간은 1919년에 러시아에서 비엔나로 돌아와 4개월 동안 프로이트를 찾아다녔지만 브런즈윅에게 맡겨졌죠. 프로이트의 분석수행자였던 그녀는 그때 비엔나에 머물고 있었어요. 그 분석가에게 두 번째 분석과정을 거치게 됐어요. 그릭 교수의 논지는 늑대인간이 받은 정신분석이 1926년의 어느 시기에 경미한 형태로 정신증을 촉발시켰다는 거예요. 브런즈윅이 치료에 개입하는 방식으로 자신도 모르게 정신증적 에피소드를 유발시킨 것 같다는 겁니다.

1926년 10월에 브런즈윅에게 의뢰된 늑대인간은 프로이트가 1910년과 1914년 사이에서 만났던 환자와는 매우 다른 사람이 되어 있었다고 해요. 그의 상태가 악화되기도 했지만 그의 증상들이 새로운 국면으로 전개되기도 했으니까요. 그가 프로이트에게 맨 처음 보였던 증상은 다양한 강박 증상들이었는데, 치아와 코에 관련된 일련의 신체 증상들과 편집증적인 증상호소로 발전되어 있었다고 해요. 그가 브런즈윅의 진료실에 도착했을 때 몹시 불안해했다고 그래요. 그의 코에 생긴 흉터 때문이었는데, 특히 피지낭포를 치료하려고 시행한 전기분해요법으로 코의 흉터조직에 생긴 구멍과 패인 홈 때문이었다는 거예요. 하지만 브런즈윅의 보고에 의하면 그 어떤 손상의 증후도 없었다는군요. 그런데 그는 항상 지니고 다니는 작은 손거울을 이용해서 강박적으로 자신의 코를 들여다보더라는 거죠. 이런 행동은 늑대인간에게서 볼 수 있는 심각한 성격변화라고 묘사되어 있어요. 이전에는 양심적이고 정직하며 성실한 사람이었는데, 그때는 위선적이고 부도덕한 사람으로 변해 있었다고 브런즈윅은 생각했어요.

　　브런즈윅의 관찰로 늑대인간에게는 항상 편집증적인 요소가 잠재되어 있었다고 해요. 건강염려증적인 경향성과 박해당하는 느낌, 관계망상적인 생각들, 자신의 모습에 대한 강박증 그리고 과대망상 같은 것들인데, 이런 모습은 늑대인간이 프로이트의 치료를 받을 때와는 달라진 것이라 합니다. 그는 극적으로 달라진 분석수행자의 출현에 놀라웠다고 하죠. 브런즈윅의 진단은 다섯 가지 특징을 보입니다. 건강염려증적 망상과 피해망상, 과대망상을 보여주는 자기애로의 퇴행, 환각의 부재, 그리고 경미한 관계망상이죠. 이런 분석은 늑대인간이 정신증적이라는 결론을 피하기가 매우 어려워요. 가디너는 프로이트의 결론처럼 늑대인간이 강박증이라고 주장해요. 가디너가 내세우는 근거는 치료의 성공과 증상들의 신속한 소멸인 거죠. 프로이트의 사례분석은 늑대인간을 정신증으로 진단할 여지가 없었어요. 따라서 손가락이 잘리는 환각과 늑대 꿈의 현실감도 정신증의 증거가 되지 못하는 거죠. 밀레르는 프로이트의 사례에 대한 연구에서 폐제와 부성기능의 문제에 국한해 읽었기 때문에 늑대인간에 대한 라깡의 입장을 강조하게 되는데, 특히 어렸을 때 정신증적 현상이 있었다고 해서 그것이 정신증의 존재에 대한 충분한 증거가 될 수는 없다는 거예요.

일상정신증은 망상과 환각과 다양한 신체현상 같은 고전적인 정신병의 증상들을 전혀 내보이지 않는 정신병의 한 형태를 가리킵니다. 일상정신증이 널리 퍼져 있고 증가추세에 있다고 암시해주는 증거가 있어요. 임상 장면에서 일상정신증 사례들을 만나는 빈도가 차츰 높아지고 있거든요. 정신병적 구조가 아직 촉발되지 않았든가 앞으로도 결코 촉발되지 않을 수도 있어요. 정신병이 어느 순간에 촉발되더라도 감지하기 힘들어서 진단되지 못할 수도 있어요. 일상정신증에 대해 이야기할 때 가장 중요한 것은 정신병의 진단에 화려한 정신병적 증상들을 필요로 하지 않는다는 거죠. 이 진단범주에는 환자에게서 그 어떤 신경증적 증상들이나 결정적인 신경증적 구조를 알아보기가 무척 어려운 사례들이 포함되더라는 겁니다. 밀레르는 최근에 이렇게 말했어요. 여러분이 프로이트의 사례를 읽어보면 정신병이 아닐 것 같다는 생각이 들 수 있다는 겁니다. 왜냐하면 그가 신경증적 특성을 많이 갖고 있기 때문이라는 거예요. 그렇다면 우리는 지금 일상정신증 사례를 다루고 있는 거랍니다.

가장 그럴듯한 시나리오는 늑대인간이 프로이트와 함께 분석할 당시에는 촉발되지 않은 정신증 사례라고 말하는 것

입니다. 아마도 1926년에 어떤 것이 그에게 정신증을 촉발시
켜서 그해 10월 브런즈윅에게 진료를 받을 때에는 일상정신증
사례가 되었다는 거죠. 늑대인간의 편집증이 프로이트의 암
수술 때문에 촉발될 수 있었다고 추측되기도 해요. 또한 판케
예프의 아내가 병을 앓고 그녀의 불임도 그에게 정신증을 촉
발시킬 수 있었다고 하죠. 일상정신증 환자에게서는 버팀목
노릇을 하는 다양한 전략들을 발견할 수 있는데, 라깡의 용
어로는 대리보충(suppléance)입니다. 대리보충의 역할을 맡아
하던 사랑하는 사람에게 생긴 어떤 질환이 정신증을 발병시
켰다고 생각할 수 있답니다.

그릭 교수는 브런즈윅이 그 책임을 너무 조급하게 프로
이트의 분석에게로 돌렸다는 결론을 내리는데, 프로이트에게
치료를 받는 동안에는 편집증 증상을 보이지 않았기 때문이
에요. 늑대인간의 정신증이 프로이트와의 분석 중에도 또 그
이후에도 나타나지 않았지만 브런즈윅에게 치료받기 전에 나
타났다고 보는 것이 훨씬 더 그럴듯해요. 그릭 교수는 프로이
트의 치료가 끝났던 1914년 7월부터 늑대인간이 브런즈윅에
게 찾아갔던 1926년 10월까지 약 12년 동안 어느 시점에서
정신증이 촉발되었다고 생각하는 겁니다. 프로이트가 4년 동
안이나 분석 중에 있었던 환자에게서 정신증의 증상들을 놓

쳤으리라고 생각하는 것은 쉽지 않아 보이거든요. 따라서 1926년 여름이 중요해 보이죠. 판케예프 자신의 보고에 따르면 그 당시에 그는 매우 혼란된 상태라서 프로이트에게 편지를 쓸 형편도 못되었다고 해요. 브런즈윅에게 그의 치료를 맡긴 뒤로 프로이트는 그를 다시 볼 수 없었던 것 같아요.

그 당시에 브런즈윅은 프로이트에게 분석을 경험하면서 논문작성 지도도 받고 있었어요. 프로이트는 모든 치료과정에 영향을 미치고 전이 속에서 지속적인 존재로 남아있게 되었다는 거예요. 브런즈윅은 늑대인간과 가진 4개월 동안의 분석을 프로이트의 대리인으로 생각하고 있었던 것 같아요. "나는 순전히 환자와 프로이트 사이의 매개자로서 작용했다."고 말하니까요. 전이 속에 있는 프로이트라는 존재에 의해 브런즈윅은 늑대인간과의 관계가 상상적 경쟁자로 바뀌는 결과를 가져왔다고 그릭 교수는 보거든요. 프로이트라는 존재가 오히려 치료를 방해하는 심각한 난제가 되어버렸어요. 그 결과 늑대인간의 증상들이 심하게 악화되어 프로이트의 치료와 브런즈윅의 치료 사이에 벌어진 12년 동안에 정신증이 촉발된 것처럼 생각하게 되었다는 거죠.

브런즈윅은 분석하는 동안 판케예프에게 박해자의 위치에 놓여 있던 피부과 의사의 죽음을 알려주게 됩니다. 브런즈윅은 그 소식을 전해주면 그가 놀라게 되리라는 사실을 잘 알고 있었을 거예요. 그러자 판케예프는 이전에 말없이 품고 있던 살인의도를 다음과 같이 명백한 선언으로 반응해 보였어요. "이런 맙소사! 이제 더 이상 그를 죽일 수가 없군요!" 그는 그런 감정폭발 속에서 그의 **빼쏜꼴**인 소타자에 대한 살해적인 욕망이 그 관계를 상상적 차원으로 떨어뜨려 버렸다고 해요. "그가 나를 죽이고 싶어 하니까 내가 그를 죽일 거예요."가 되는 거죠. 브런즈윅은 전이의 상상적 차원 때문에 환자가 그녀 자신을 박해자 역할의 위치에 놔두게 된 징후들을 놓치고 있었어요. 전이 속에서 프로이트와 판케예프와 브런즈윅은 삼각관계를 이루고 있던 거예요.

브런즈윅이 판케예프의 **나르시시즘**을 극복시켜주기 위해 상상계의 수준에서 언급된 공격에 대한 분석을 시작하게 됩니다. 그녀의 글에서 판케예프가 프로이트의 영향을 직접 받지 않고도 그녀를 통해 프로이트의 지식과 경험의 모든 혜택을 받아낸다고 쓰여 있어요. 그는 그녀가 그에 대해서 세밀한 것까지 모두 프로이트와 의논하기 때문이라고 말했다는 거예요. 그녀는 그와의 분석 초기에만 프로이트에게 그의 이전 병력에 대해 설명을 들었을 뿐이라고 말해줬답니다. 그 뒤로는 그녀가 그 환자에 대해 언급하는 일도 드물었고 프로이트도 그 환자에 대해 묻지 않았다고 말해주었는데, 오히려 이 말이 그 환자를 화나게 만들고 충격을 주게 되었다고 해요. 그는 자신에 대해 진정으로 관심을 갖고 있다고 항상 생각했던 프로이트에게 화를 내면서 그녀의 진료실을 나가버렸던 거죠.

브런즈윅의 전략은 그녀가 좋아하는 아들로서 자신을 위치시키려는 환자의 생각을 약화시켜서 그의 자기애적인 갑옷을 가혹하게 벗겨내는 거였어요. 프로이트와의 관계에서 보일 수 있는 경쟁 차원을 강화시키는 그녀의 해석적 접근방법은 그의 보호막을 깨버리게 되었던 거예요. 정신증적인 판케예프가 자신의 주위에 만들어 두었던 그 보호막을 상상적인 관계로 환원시켜서 분석에 심각한 결과를 초래하게 되었던 거죠. 그녀의 공격 하에 판케예프는 정신증적 반응을 혼란스럽게 내보이기 시작했던 겁니다.

그녀는 판케예프의 건강염려증이 지닌 중요성도 놓쳐버렸어요. 라깡은 처음에 우리가 보고 있는 것은 증상들인데, 슈레버의 경우에도 건강염려증적인 증상으로 시작했다가 나중에 정신증적인 증상들을 보이게 되었다는 겁니다. 그 말이 판케예프에게도 똑같이 적용되는 거죠. 그의 정신증적 삽화는 4-5개월 동안이란 짧은 분석치료 과정에서 매우 빠르게 출현했던 겁니다. 그의 과대망상은 그에게 꼭 필요한 보호를 제공해주었는데 치료자의 공세가 보호기능을 빼앗아 버렸던 거예요. 그의 과대망상에 대한 그녀의 공박이 두 가지 결과를 가져왔어요. 하나는 그에게서 껍질의 보호기능을 서서히 사라지게 만든 일이었고, 또 하나는 그 기능의 해체로부터 생기는 살해 충동의 출현이었어요. 두 가지 모두 무익하고 위험하다는 거예요.

그의 과대망상은 프로이트와 맺고 있는 관계가 특별한 관계로서 개인적이고 친밀한 것이라는 그의 주장이 바로 그 증상이라고 그녀는 생각했던 겁니다. 그녀는 그가 프로이트와의 특별한 관계에 집착하는 것을 사랑의 문제로 보았어요. 그녀가 프로이트라는 인물을 이상화하고 있기 때문에 이러한 애착을 과대망상의 표현으로 잘못 간주하게 되었는데, 사실상 그것은 판케예프가 상징계에 들어갈 때 가장 중요한 의지처가 되는 거예요. 따라서 브런즈윅이 알아차리지 못한 것이 있다면 그것이 특별한 형태의 사랑이라는 겁니다. 왜냐하면 그것이 바로 **지식**에게 전하는 사랑인 **전이적 사랑**이기 때문이에요. 또한 그 수신인이 늑대인간이란 사례에서 **대리보충**의 역할을 충실히 해내는 지그문트 프로이트이기 때문이죠.

프로이트는 늑대인간과의 작업에서 전이 문제에 대해 언급하지 않았어요. 그 전이 때문에 환자는 프로이트와 그의 정신분석 모임에 평생 동안 의존하는 상황에 놓이게 되었다고 비판받기도 했으니까요. 판케예프는 1919년에 궁핍한 상태로 비엔나에 되돌아왔는데, 그때부터 프로이트와 분석이 4개월 동안 더 진행됐어요. 그에 대한 존스의 설명이 흥미로워요. 그는 고치기 힘든 히스테리성 변비를 앓고 있었는데, 프로이트의 말에 의하면, 그는 "내 영향력으로부터 스스로 떨어지려는 열망에 사로잡혀 있었다."는 거예요. 또한 4개월 동안 분석을 시행한 후에 "그때까지 극복되지 못했던 전이의 한 조각을 성공적으로 다루게 되었다."고 해요. 존스에 의하면 프로이트는 판케예프를 무료로 치료해줬고 그 환자와 그의 병약한 아내가 생활할 수 있도록 도와주려고 동료들과 제자들에게서 돈을 모아 6년 동안이나 정규적으로 보내주기도 했다는 거예요. 그 당시 전쟁 후유증으로 피폐해진 비엔나에서 살아간다는 것은 위태로운 일이었거든요. 프로이트의 "좋아하는 아들"이었다는 주장과 브런즈윅과의 분석을 지배하는 프로이트에 대한 전이와 그에 대한 공격성의 상상적 차원으로 인하여 이러한 전이는 판케예프의 상태를 심각하게 악화시켰다고 보는 겁니다.

프로이트가 판케예프에게 해주는 **대리보충**의 역할을 공격하는 것이 브런즈윅의 전략이었다고 해요. 대리보충으로서 프로이트의 이미지에 대한 공세적인 도전이 지속되고 있었던 거예요. 프로이트의 그 역할이 판케예프를 제 자리에 붙잡아 두게 되는데, 그 역할을 파괴하면 그들 관계의 상상적 내용에 대해 편집증적 공격을 불러일으키는 것으로 보이죠. 프로이트 와의 분석에 대해서 1957년에 썼던 판케예프의 글은 흥미로 운 비유를 보여주고 있어요. 그는 환자라기보다는 최근에 발 견된 새로운 땅을 발굴하는 경험 많은 탐험가와 함께 일하는 사람이라든가 나이 어린 동료로서 스스로를 생각하고 있어 요. 함께 일한다는 느낌은 정신분석에 대한 그의 이해를 프로 이트가 인정해준 것으로 생각하게 되죠. 프로이트와 그의 관 계는 지식에 대한 프로이트의 욕망을 위해 그 자신이 대상의 위치에 놓이는 거예요.

그릭 교수가 이 치료를 상세히 설명하게 된 연유는 브런 즈윅과의 짧은 치료기간 동안 판케예프의 상태가 갑자기 악 화된 것을 그녀의 해석이 만들어낸 결과라고 보기 때문이에 요. 그릭 교수가 강조했던 것은 해석 그 자체가 아니라 해석의 성질이죠. 다시 말해, 해석은 브런즈윅과 판케예프의 관계에 서 드러나는 프로이트에 대한 경쟁에 초점을 맞춤으로써 전이 관계의 상상적 차원을 강조하게 된 거예요. 프로이트에 대한 늑대인간의 강력한 전이와 정신분석의 살아있는 표본으로서 그가 차지하고 있는 위치는 그에게서 일상정신증의 주요한 구성요소를 보게 된다는 겁니다. 대리보충으로서 프로이트의 역할은 늑대인간의 일상정신증에 안정성을 제공해줍니다. 제 친구인 그릭 교수가 얼마나 고마운지!

4. 밀레르의 의견

이제부터는 자크-알랭 밀레르의 강의를 들어보려고 합니다. 우선 프로이트가 스스로에게 물었던 "여자들은 무엇을 원합니까?"라는 질문이 떠오른다고 해요. 라깡을 30년 동안이나 공부해왔는데도 라깡에게 아직 그 대답을 듣지 못했다는군요. 여기서 밀레르는 수년 동안 자신을 괴롭혀온 다른 질문이 생겨났다고 해요. "미국인들은 무엇을 원하는가?" 밀레르는 부분적이나마 그 답을 알고 있답니다. 미국인들은 슬라보예 지젝을 원한대요. 그들은 지젝의 라깡을 원한다는 거예요. 라깡학회의 라깡보다 지젝의 "라캉"을 더 좋아한다는 거죠.

여기서 잠시 오토 컨버그와 얽힌 에피소드를 하나 소개할까 합니다. 불어를 잘 아는 컨버그는 라깡학파의 개념들을 정확히 파악할 수 없어서 무척 괴로웠다고 하네요. 밀레르는 1985년 미국 뉴욕에서 열린 IPA 강의에서 컨버그를 만났던 일을 이야기하고 있어요. 그가 밀레르에게 던진 질문은 대충 이렇습니다. 정동이 정신생활의 50%인데, 그 50%를 어떻게 측정할 수 있느냐는 겁니다. 이것이 바로 컨버그의 방식이죠. 그는 명확한 정의를 원하고 숫자로 표시된 매우 분명한 지식이어야 한다는 거예요. 미국인들의 정신은 분열되어 있는데, 한편으론 극도의 정확성과 숫자에 대한 욕망이 있으면서 또 한편으론 자신의 마음을 이야기하고 자신의 생각을 따라하고 싶은 욕망이 있어서 두 욕망 사이에서 분열되어 있다는 겁니다.

지금까지 우리는 라깡을 따라 부명이 있으면 신경증이라 하고 부명이 없으면 정신증이란 이름을 붙여왔습니다. 하지만 어떤 사례들은 마치 그 둘 사이에 있는 것처럼 보이기도 해요. 정신증 구조는 신경증이나 정상인의 기본 구조가 변형된 것으로 보일 수도 있어요. 신경증과 정상인 사이의 연결고리는 오이디푸스 콤플렉스인데, 이것을 라깡은 부성은유라고 변역해요. 부성은유가 정상인과 신경증을 연결해줘요. **정상으로 가정된 사람은 자신의 신경증 때문에 고통 받지 않는 신경증 환자일 뿐입니다.** 또는 신경증 때문에 아주 크게 고통을 받지 않거나 분석치료를 받지 않는 환자인 거예요. 자신의 신경증을 살아감으로써 치유하려는 환자일 수도 있어요. 일상정신증은 부명의 변화된 지위를 알려주고 있습니다. 부명이 대체물이라는 거예요. 부명은 그 자체로서 어머니의 욕망을 대체하고 어머니의 욕망에 질서를 부여해주니까요.

라깡의 관점에서 정신증과 신경증의 공통된 기초는 무엇일까요? 정신생활은 라깡의 상상계에서 시작됩니다. 거울단계는 매우 불안정한 세계라서 **이행증**의 세계가 되는 거예요. 이행증의 의미는, 예를 들어, 어떤 아이가 다른 아이를 때리고서 "쟤가 날 때렸어."라고 말하는 겁니다. 그것이 나인지 혹은 그것이 그 사람인지 혼동을 일으키는 세계예요. 이 세계는 불안정하고 항구성이 없으며 어슴푸레한 세계죠. 라깡은 이 최초의 세계에서 정신증을 구성해냅니다. 어찌 보면 광기가 최초의 세계라고 말할 수 있어요. 한편 라깡은 마지막 가르침에서 상징적 질서의 모든 것이 망상이라고 말하는 것 같아요. 이해되지 않는 삶을 이해한다는 것은 이미 망상적인 겁니다.

일상정신증에 대해 언급할 때 그 초점은 정신증이 자명하지 않아도 신경증으로 보이지 않을 때는 신경증이 아니라는 것입니다. 다시 말해, 임상가는 명백한 신경증의 요소를 느낄 수 없고 규칙적인 일정한 정체성의 반복도 느껴지지 아니한데, 정신증의 특이한 현상이 있는 것도 아니에요. 그럴 때면 명백한 정신증은 아니죠. 이처럼 일상정신증은 **감춰진 정신증**입니다. 히스테리 환자는 자신의 신체와의 관계에서 장애를 느끼고 강박증 환자는 자신의 생각과의 관계에서 장애를 느끼는 거죠. 일상정신증은 사회적 외부와 신체적 외부 그리고 주체적 외부라는 세 가지 외부성에 따라 인생의 의미 장애를 구성해 볼 수 있어요.

사회적 외부라는 것은 사회적 현실과 맺는 관계예요. 일상정신증에서는 사회적 기능에 관련된 무기력감을 관찰할 수 있어요. 밀레르는 접속이 끊어지는 것을 단절이라 부르는데, 환자가 비즈니스 세계로부터의 단절과 가족으로부터의 단절로 나타나는 사회적 단절을 보일 수 있죠. 이런 단절은 정신분열증 환자들이 흔히 만들어내는 행로가 되거든요. 자신들의 직업과 사회적 지위에 리비도를 지나치게 투자하고 강렬하게 동일시하는 환자들은 직업의 상실로 정신증을 발병하게 되기도 해요. 직업을 갖는다는 것이 아버지의 이름인 부명이기 때문이죠. 오늘날의 부명은 이름이 붙게 되는 명명도 되지만 어떤 직능에 임명되는 것도 됩니다. 사회적 지위가 상승되는 것 그 자체가 오늘날의 부명인 거죠. 오늘날에 직업을 갖는 것은 상징적 가치를 지니게 되어 형편없는 보수의 일자리라도 기꺼이 구하려고 해요. 정부도 충분히 지능적이어서 사람들에게 박봉의 일자리들을 제공하게 된다는군요.

라깡은 "당신은 신체가 아니고 신체를 소유하고 있다."고 말합니다. 주체는 대타자로서의 신체에 관련되는데, 그것을 신체적 대타자라고 불러요. 히스테리에서 여러분은 신체의 낯설음을 경험했어요. 그 신체는 자기 나름의 방식을 갖고 있거든요. 남성의 신체에도 제 나름의 방식대로 움직이는 신체의 한 부분이 있어요. 그것이 바로 음경이죠. 하지만 일상정신증 환자에게는 그 이상의 어떤 것이 있기 마련인데요, 그게 바로 간격인 거예요. 깊숙한 내심의 장애물은 신체에서 쐐기를 뽑아낸 틈새거든요. 거기서 주체는 신체를 자신에게 묶어두기 위해 관절보조기 같은 인공적인 유대라도 만들어 두게 됩니다.

일상정신증에서는 피어싱과 문신 같은 유행도 따라 해요. 어떤 문신은 일상정신증의 판단기준이 되기도 하죠. 특히 문신은 환자 자신과 그의 신체를 연결해주는 방법이 되어 부명으로서 대리보충의 필요한 요소가 될 수 있어요. 이렇게 문신은 신체와의 관계에서 부명이 된다는 거예요. 히스테리는 신경증의 한계에 의해 신체와의 관계가 제한되어 있지만, 일상정신증 환자가 자신의 신체와 맺는 관계에 존재하는 틈새에서 우리는 무한한 것을 느낄 겁니다.

일상정신증 환자에게서 **주체적 대타자**는 흔히 공백과 공허와 막연함으로 경험됩니다. 그래서 전형적으로 일상정신증은 부성 동일시의 모든 파편들을 자기 마음대로 구성하고 있어요. 다시 말해서 일상정신증의 동일시는 이런저런 잡동사니와 고물과 허접쓰레기로 구성되어 있다는 겁니다. 하지만 "미쳤다"는 말은 조심스럽게 사용해야 할 거예요. 라깡도 "모든 사람들은 미쳤는데, 다시 말해, 망상적이다."라고 말하니까요.

여러분은 자신의 세계가 망상적이고 환상적이라는 것을 알고 있어야 정신분석가로 기능할 수 있어요. 여기서 환상적이라는 것은 망상적인 거예요. 분석가가 된다는 것은 여러분 자신의 이해 방법이 망상적이라는 것을 아는 일입니다. 그래서 이해하기를 포기하라고 하는 거예요. 밀레르는 이해하기는 망상 그 자체라고 보고 있어요. 다시 말해, 이해하기는 우리로 하여금 실재계로부터 거리를 두게 만드는 거예요. 우리가 실재계라고 부르는 것은 이해될 수 없는 어떤 것이니까요. 그래서 우리가 실재계라는 범주를 사용하는 겁니다.

라깡은 정신증에 구멍이 있다고 생각해요. 신경증에는 부명이 있지만 정신증에는 부명이 없고 일상정신증에도 부명은 없지만 **대리보충**의 장치라는 것이 있어요. 모든 정신증이 발병의 형태를 취하는 것은 아니에요. 어떤 정신증 환자들은 일생 내내 조용하고 일상적인 상태로 살아가기도 해요. 그처럼 잠자는 듯이 잠복중인 정신증도 볼 수 있으니까요. 자신과 타인들을 진정으로 위하는 그런 세상을 만들려는 착하고 훌륭한 편집증도 있어요. 편집증의 경우에는 부명의 가장(假裝)이 누구보다도 더 훌륭하고 더욱 강력할 수 있거든요. 밀레르가 이전에 말했던 민감한 편집증을 닮은 그런 환자의 진단은 처음엔 분명치 않아요. 그는 분석치료를 3년간이나 계속한 뒤에야 뭔가가 잘못되었음을 알아차리게 되었다고 하죠. 그런 환자는 매일매일 자신의 편집증을 구성해가고 있어요. 정신분열증은 사회적으로 단절되어 있지만 편집증은 사회적으로 꽤나 잘 연결되어 있습니다. 예를 들어, 슈레버는 보상적 동일시를 하게 되는데, 그가 최고의 지위까지 올라갔을 때 그의 세계는 무너졌어요. 병실에서는 훌륭한 환자가 되었지요. 그는 그럭저럭 책을 써서 작가가 되었어요. 발병된 후에 오히려 그는 보상적 활동으로 되돌아오게 되었다고 해요.

일상정신증이란 진단범주는 진료에서 나온 용어로서 진료상의 어려움을 뜻하는 거예요. 신경증으로도 인정되지 않고 정신병의 명백한 신호도 찾아볼 수 없다면 눈에 띄지 않는 신호들인 작은 단서들을 찾아봐야 할 거예요. 이래서 폐제의 작은 단서들에 대한 임상이 되는 겁니다. 예를 들어, 작은 단서들의 목록을 훑어보면, 직업에 대한 사회적 동일시는 정상적이지만 직업에 대한 동일시의 크기는 다른 방향을 가리킬 수 있어요. 그것은 색조이고 따라서 색조의 임상이 된다고 말할 수 있습니다.

7장 문학에서의 분석경험

라깡 정신분석에서는 분석가의 양성과 문학수업 사이에 뗄 수 없는 관계가 맺어져 있습니다. 라깡의 말에 의하면, 프로이트가 분석가의 양성에서 문학수업이 첫 번째 요건이라고 주장했다는 것입니다. 뿐만 아니라 라깡은 자신의 방대한 논문집인 『에크리』의 첫 논문으로 「"도둑맞은 편지"에 관한 세미나」를 배치해 두었어요. 자신의 논문들을 애드가 앨런 포우의 「도둑맞은 편지」를 읽듯이 읽으라는 뜻이랍니다. 저는 그런 아날로지의 하나로서 이청준의 「이어도」를 읽어봤습니다. 그 글이 바로 「떠도는 능기」인데, 시니피에에서 떠나 혼백처럼 떠도는 시니피앙이란 뜻입니다.

라깡 정신분석의 시작이 거울단계라서 아주 중요할 뿐만 아니라 라깡의 전기를 쓴 카트린 클레망의 말로 라깡은 거울단계 이외에는 아무것도 생각해 본 적이 없는 것 같다고 합니다. "거울단계는 모든 것을 포함하고 있는 씨앗이다."라고 말합니다. 거울단계에 대해서는 영어권에서 가장 흔히 인용되고 있는 벤베누토의 『라깡의 정신분석 입문』의 제2장 「거울단계(1936)」에서 일부 발췌하여 재구성한 겁니다.

1. 이상李箱의 거울

먼저 우리의 이상이 『카톨릭青年』 1933년 10월호에 발표한 「거울」이란 시를 읽어봅시다. 마치 1936년 마리엔바트에서 라깡이 발표한 「거울단계」라는 논문을 예상이라도 했던 것처럼 거울단계에 대해 미리 써둔 것 같아요. 띄어쓰기를 무시한 이상과는 달리 읽기 편하도록 띄어쓰기와 한글로만 적어보렵니다.

거울 속에는 소리가 없소
저렇게까지 조용한 세상은 참 없을 것이오

거울 속에도 내게 귀가 있소
내 말을 못 알아듣는 딱한 귀가 두 개나 있소

거울 속의 나는 왼손잡이오
내 악수를 받을 줄 모르는-악수를 모르는 왼손잡
이오

거울 때문에 나는 거울 속의 나를 만져보지를 못하
는구료마는
거울 아니었던들 내가 어찌 거울 속의 나를 만나보
기만이라도 했겠소

나는 지금 거울을 안 가졌소마는 거울 속에는 늘 거
울 속의 내가 있소
잘은 모르지만 외로된 사업에 골몰할게요

거울 속의 나는 참나와는 반대요마는
또 꽤 닮았소
나는 거울 속의 나를 근심하고 진찰할 수 없으니 퍽

섭섭하오

이상은 이 시에서 소리가 없는 참으로 조용한 세상으로 우리를 안내하고 있어요. 그건 우리가 살고 있는 이 세상이 아닌 것 같다는 생각이 들어요. 그렇다면 아주 낯선 곳이죠. 어렸을 때부터 거울을 가지고 다니길 좋아했다던 이상이니까 그는 거울 속의 자신과 만나는 동안 이미 거울단계를 거쳐 상상계로부터 상징계로 이행해 갔을 것 같아요. "거울 속의 나"에게도 귀는 "두 개나" 있지만 "내" 말을 못 알아듣는 "딱한 귀"라서 의사소통이 이뤄질 리가 없군요. 완전히 단절된 세계임을 암시하고 있죠. 여기에 "딱하다"는 감정까지 곁들여 있네요. 더구나 악수를 하려해도 악수조차 받을 줄 모르는 딱한 친구라 하는데, 왼손잡이라서 그렇대요. 좌우가 뒤바뀐 존재죠. 이 딱한 친구를 만져보고 싶은데도 다름 아닌 거울 때문에 만져볼 수가 없군요. 아주 낯선 곳에 살고 의사소통도 이뤄지지 않고 신체접촉도 불가능하다! "나"는 "나"인데 어색하기 짝이 없는 이질적인 존재네요.

그래도 거울 덕분에 그나마 "거울 속의 나"를 만나보게 됐다는 거예요. "나"를 무척 만나보고 싶었던가 봐요. 그러다가 만났다면 그건 환희죠. 이런 환희를 거치면서 "거울 밖의 나"는 성장해요. 그런 의미에서 제5연은 이 작품의 절정을 이루게 되죠. 물론 제2행에 나오는 "외로된 사업"에 관한 논의가 분분한 것도 사실입니다. 우선 지금 거울이 없는 순간을 알아차리게 된다고 하네요. 거울 앞에 서서 거울 속의 세계로 들어갔다가 빠져나왔음을 이야기하고 있군요. 그 거울 속의 세계에 거울 속의 내가 있다는 것도 알게 되었다면서. 그것도 늘 있다는 거예요. 그러니까 거울 속의 세계라는 또 하나의 세계를 인정하는 겁니다. 그런데도 잘은 모르겠다는 자신 없는 말투로 한 발 뒤로 물러서네요. 그리고는 외로된 사업에 골몰할 거라고 짐작하는 말투로 제5연을 끝내고 있어요. 우리가 살고 있는 익숙한 세계가 상징계라면 상상계는 잘 모르는 세계일 수도 있겠죠. 거울 속을 들여다보면 있긴 있는데 거울 앞을 떠나면 눈앞의 광경이 순간적으로 사라져버려 거울 속의 세계에 대한 확신이 엷어지는 거겠죠. 분명하게 말할 수 없고 잘 모르겠다고 해요. 다시 들여다보면 분명히 눈앞에 존재하는 세계, 그러니 외로된 사업에 전념하게 되는 별난 세계, 이질적인 세계임에 틀림없는 거예요. 그렇게 읽힙니다.

마지막 연에서는 "참나"를 예기하고 있어요. 그렇더라도 이 별난 세계를 통과해야 "참나"의 존재에 이를 수 있거든요. "거울 속의 나"와 반대가 되는 "참나"를 인식할 수 있죠. 거울상(像)과 "거울 밖의 나"는 꽤나 닮아 있는데, 닮아 있으면서도 반대인 두 존재. 서로 모순일 것 같은 두 속성을 "또"라는 접속사로 한꺼번에 압축시키고 있어요. 이 시의 맨 마지막 행은 역시 이상다운 종결을 보이고 있는 것 같아요. 우선 누가 누구를 근심하고 진찰한다면 그 두 사람들의 위상은 쉽게 짐작되네요. 한쪽이 어른이라면 또 한쪽은 미성년자죠. "아는 자"와 "모르는 자"의 대조일 수도, "앓는 자"와 "치료자"와의 대조일 수도 있어요. 이러한 대조는 라깡이 「프로이트다운 것」이란 논문에서 서슴없이 비판했던 자아심리학의 이분법이죠.

　　이 행의 종결어는 "섭섭하다"는 감정표현이에요. 섭섭하다는 것은 뭔가 귀중한 것을 잃거나 그런 사람과 헤어질 때 느끼는 아깝고 서운한 감정이죠. 남의 태도나 대접이 흡족하지 못할 때나 기대에 못 미칠 때 느끼는 감정이기도 해요. 이처럼 거울 속의 나를 근심해주고 진찰해주려는 "참나"의 배려에도 불구하고 떠나가는, 그런 배려를 거부하는 그의 태도가 퍽 섭섭하다는 거겠죠. 그렇다면 거울 속의 나는 미성년자도 아니고 모르는 자도 아니며 더구나 환자도 아니란 뜻이네요. 그보다도 "참나"로 생각했던 내가 진정으로 "참나"가 아닐 수도 있어요. 아직 거울 밖의 나일뿐인데, 그런 나는 어른도 아는 자도 치료자도 아니죠. 내가 지향하고 있는 이상형일까요? 그것을 깨달았다면 조금 섭섭할 수도 있겠어요.

이렇게 이상을 읽는다면 시인 이상은 과연 아는 자일까요? 그럴지도 모르죠. 이상은 거울 속의 나를 진찰할 수 있는 치료자의 위치에 서 있기 때문이에요. 그는 이미 「오감도시제4호」에서 1931년 10월 26일에 "환자의 용태"를 거울 속을 들여다보며 진찰한 다음 "0·1"이라 진단하고서 "責任醫師 李箱"이라 서명한 적이 있었어요. 정신분석적으로 이해한다면 그는 분석가인 셈이죠. 이렇게 이상을 "다 아는 자"로 여기는 필자가 이상에 대해 착각을 일으키고 있는 거네요. 이런 현상을 "전이"라고 불러요. 그런데 이렇게 생각하는 것도 라깡 정신분석에 의거하는 일이죠. 라깡은 자신에게 빠져있는 전이를 독자들이 극복하도록 도와주리라는 믿음도 역시 또 하나의 전이로 봅니다. 그래도 한번 빠져봐야 할 것 같네요. 거기에는 빠져나오는 길도 분명히 있을 법하니까요.

2. 라깡의 거울단계

라깡은 거울단계에 대한 논문을 국제 정신분석학회에서

두 번씩이나 발표하게 됩니다. 단순히 「거울단계」란 제목을 붙인 첫 번째 논문은 1936년 마리엔바트에서 열린 14차 국제정신분석학회 학술대회였고, 「나의 기능의 형성으로서 거울단계」라는 두 번째 논문은 1949년 취리히에서 열린 16차 학술대회였어요. 그의 논문집 『에크리』에 실려 있는 글은 1949년에 발표된 논문이죠. 제2차 세계대전이란 전쟁이 갈라놓은 이 기간 동안에 "라깡다운 것"이라 말할 수 있는 라깡의 사유가 형성되고 있었던 것으로 보여요. 이 논문이 중요한 이유는 "나"라는 동일성의 형성을 다루고 있기 때문이에요. 앞서 인용한 클레망은 바로 이 논문 속에 라깡의 사유가 씨앗이란 형태로 들어 있다고 말합니다. 제인 갤럽도 라깡의 제자들이 라깡의 초기 저작들을 훗날 라깡의 가르침을 따라가며 읽고 있다는 거예요. 이 말은 "훗날에" 올 것을 "미리" 읽는 것이고 "미리" 왔던 것을 "훗날에" 읽게 된다는 뜻입니다. 이 점은 예기와 사후작용에서 논의될 거예요.

한때 라깡의 제자였던 라플랑쉬와 퐁탈리스의 『정신분석의 어휘』에 나오는 "거울단계" 항목을 먼저 살펴봅시다.

라깡에 따르면, 인간 존재의 구성에서 생후 6개월부터 18개월 사이에 위치하는 단계. 유아는 아직 무력

함과 협동운동실조의 상태에 있더라도, 상상적으로
자신의 신체적 통일성에 대한 파악과 지배력을 예기
한다. 이러한 상상적 통일은 전체적 형태로서 빼쏜
꼴이란 이미지와의 동일시에 의해 이루어진다. 그것
은 거울 속에서 자신의 이미지를 지각해가는 구체적
인 경험에 의해 예증되고 구현된다.

거울단계는 나중에 자아가 될 것의 모체와 초안을
구성하게 될 것이다.

그 다음에는 사람에게서 거울단계의 영향력은 미숙한
상태로의 출생과 생후 몇 달 동안 운동능력의 결함에 결부된
다는 설명이 이어지는데, 이것은 객관적으로 **추체계의 해부학
적 불완전함**으로 증명되고 있습니다. "조산"은 열 달을 다 채
우지 못하고 조기에 태어나는 것을 말해요. 인간은 제 달을
다 채우고 출생했어도 다른 동물에 비해 미완성의 상태로 태
어나는데 미숙아는 오죽하겠어요! 임상에서 운동계는 추체계
와 추체외로계로 나뉘어 있는데, 이런 미숙성은 추체계의 문
제예요. 한편 두 저자들의 설명 가운데, 주체의 구조라는 관
점에서 거울단계는 근본적인 발생 순간에 최초의 자아의 윤
곽을 구성하는 거라고 해요. 유아는 빼쏜꼴의 이미지나 거울

상의 이미지한테 자신을 동일시하는 거죠. 그러한 원초적인 체험은 처음부터 이상적인 자아로 구성되는 상상적 자아의 기반이 됩니다. 그런 관점에서 보면, 주체는 **자아로 환원될 수 없는 것이 분명하다**고 말할 수 있어요.

라깡은 프로이트의 자기애 개념과 자아형성의 공식을 이용하여 거울단계를 공식화합니다. 자아형성을 가져온다고 알려진 프로이트의 **새로운 정신작용**에서 라깡은 자아가 출생시에 존재하지 않다가 차츰 발달하게 된다는 의견에 동의하게 됩니다. 하지만 라깡은 프로이트가 자아의 몰인식 기능을 충분히 강조하지 않으면서 후기에는 자아의 적응기능을 지나치게 강조한다고 생각해요. 라깡은 거울단계가 주체를 발달시키는 사건으로 보는데, 이 사건은 거울 속에서 자신을 바라보는 아이를 통해 관찰되고 심리학자들의 동물행동연구에 기반을 두고 있어요. 침팬지는 자신이 보고 있는 것이 무엇인지 인식하지 못하면서 그저 영상에 매료된 채로 남아 있게 된다는 겁니다.

라깡은 유아의 처음 몇 개월 동안에 관찰 가능한 인간의 특이한 미숙성의 출생에 대해 설명하고 있습니다. 아이는 출생시부터 전반적인 감각운동의 협동능력을 갖추지 못하고 있어요. 따라서 외부의 보살핌에 매우 의존적이죠. 아이는 무기력하고 의존적인 상태로서 처음 몇 개월 동안 불안과 불편함과 부조화로 가득한 삶을 살아가야 해요. 그러다가 생후 6개월쯤 되는 어느 시기에 지각 가운데 시각과 같은 감각이 어느 정도 발달하게 되면 아이는 거울 속에 비친 자신의 영상을 바라보게 되죠. 거울 속의 신체는 전체적으로 완전한 형태인 게슈탈트로 보이게 되는 거예요. 거울상은 하나로 결합되어 있고 아이의 위치에 따라 조금씩 변하게 되어 아이는 그 거울상을 자신이 지배할 수 있다고 생각해서 승리감과 환희에 취하게 되죠. 그 거울상은 아직까지 이루지 못한 신체에 대한 지배를 예기해주는 거예요. 이렇게 아이는 자신의 이미지와 사랑에 빠져 자신의 전신 이미지를 사랑의 대상으로 삼게 되죠. 이것이 바로 프로이트가 말한 자기애 단계예요. 자신의 조각난 몸뚱이와 성애적 관계를 맺는 자가성애 단계와 대조를 이루게 되는 겁니다.

라깡에 의하면, 거울단계는 한 편의 드라마라고 해요. 이런 작용에는 근본적인 소외가 자리 잡고 있어요. 아이가 이뤄냈다고 믿은 통달은 거울상 속에 있고 그 자신의 밖에 있어서 아이는 동작의 주인이 되지 못하죠. 다만 그는 외부의 이미지 속에서 자신의 모습을 다소간 통일된 것으로 보게 될 뿐예요. 실제적으로는 접촉할 수도 없고 소외되며 이상적인

가상(假想)의 통일체 속에서만 볼 수 있을 뿐이죠. 이상이 「거울」에서 "거울 때문에 나는 거울 속의 나를 만져보지를 못하는구료마는"이라고 읊었고, 1936년 『여성』 2호에 실린 「명경」에서는 "설마 그렇랴? 어디 촉진… / 하고 손이 갈 때 지문이 지문을/ 가로막으며/ 선뜩하는 차단뿐이다."라고 읊었어요. 접촉할 수 없고 소외된 거울상을 누가 이만큼 적나라하게 읊을 수 있었을까요? 소외라는 것은 존재의 결여죠. 그러한 결여에 의해 그의 실현은 또 다른 공간이나 상상적인 공간에 놓이게 됩니다.

　　이런 통일체의 이미지는 외부 형태 속에 있는 신기루인데 거울이 전도된 대칭과 뒤집힌 원근법으로 되비쳐준 겁니다. 그 이미지는 "악수를 받을 줄 모르는 왼손잡이"인데다, 거울을 주제로 하는 또 다른 작품인 「오감도시제15호」에서처럼, "거울 속의 나"에게 자살할 것을 권하지만 내가 자살하지 않으면 그가 자살할 수 없음을 알고 나서, "내 왼편 가슴 심장의 위치를 방탄금속으로 엄폐하고 나는 거울 속의 내 왼편 가슴을 겨누어 권총을 발사하였다. 탄환은 그의 왼편 가슴을 관통하였으나 그의 심장은 바른편에 있다." 전도된 대칭을 이처럼 비장하게 묘사할 뿐만 아니라 공격성까지 포함되어 있어요.

라깡의 견해에 따르면 자아의 형성은 그 자신의 이미지에 대한 소외와 매혹의 시점에서 시작된다고 합니다. 거울상은 주체의 세계관을 조직하고 구성하는데, 그 이미지의 조직화 기능을 보여주기 위해 생물학에서 사례를 빌려와요. 암컷 비둘기의 생식선이 성숙되려면 같은 종의 다른 비둘기를 봐야 한다는 거죠. 거울에 반사되는 모습으로도 그 효과는 충분하답니다. 프로이트의 후기연구에서 자아가 **신체** 표면의 정신적 **투사**로 간주되는 것과 비슷한 견해죠. 자기애 단계를 야기하는 새로운 정신작용이라는 프로이트의 개념은 거울단계에서 자아를 구성하는 이미지의 형성작용과 유사한 거예요.

따라서 자아는 주체가 자신의 신체와 맺고 있는 상상적 관계를 기반으로 하여 형성됩니다. 어린아이는 조각난 자기와 그의 통일된 이미지 사이의 이런 부조화를 그 자신의 신체가 지닌 공격적인 붕괴로 경험하게 되죠. 이처럼 자신의 신체를 자기 자신이 아닌 **타자**로 동일시하는 것은 주체를 자기 자신과의 경쟁자로 구조화하는 거예요. 자신의 몸을 시각적인 게 쉬탈트로 동일시할지라도 생후 몇 개월째부터는 괴로움과 파편화를 몸에 걸치게 되죠. 라깡의 견해로는 공격성이 조각난 몸의 이미지에 연결된다는 거예요. 라깡은 두 살에서 다섯 살 사이의 아이들이 인형을 조각조각 뜯어버리는 모습에서 공격

성이 그들의 상상 속에 자연스럽게 떠오르는 테마란 사실을
알게 되었다고 해요.

거울단계는 어린아이의 인생에서 새로운 시각적 경험과
정신적 경험을 열어주는데, 그 자신의 조직된 형태가 그를 둘
러싼 공간과 함께 거울표면에 투사되기 때문이에요. 아이는
오로지 이런 이미지가 투사되는 공간과의 관계에서만 자신의
이미지를 볼 수 있어요. 이렇게 해서 그 유기체와 그의 주변세
계와의 사이에 어떤 관계가 설정되거든요. 하지만 그 관계가
상상적이고 소외시키는 경험에 바탕을 두기 때문에 그 관계는
조화롭지 못해요. 이런 부조화는 거울상 주위의 공간을 차지
하는 타인들과의 관계에도 부조화의 양상을 가져다줘요. 이
처럼 거울단계는 공간적 동일시로 시작하고 그 뒤에 이어 거
울에 비친 이 세상의 이미지와의 갈등을 열어주는 거예요. 주
체는 다른 인간들과도 똑같은 갈등을 지속하는데, 그 갈등은
주체의 미분화된 조각난 존재방식과 자신을 자아로 확인해왔
던 상상적 자율성과의 사이에 벌어진 틈새로 결정된다는 겁
니다.

이처럼 거울단계에서는 다른 사람들의 이미지에 대한 동
일시가 시작되고 주체가 그들과 공유하는 세계에 대한 동일시
도 시작됩니다. 타자의 이미지와의 동일시와 그 이미지와의

원초적인 경쟁 사이에 벌어지는 최초의 갈등은 자아를 더욱 복잡한 사회적 상황에 연결시키는 변증법적 과정을 시작하게 해줘요. 예를 들어, 다른 아이를 때린 아이는 제가 방금 맞았다고 말하고, 다른 아이가 넘어지는 모습을 보는 아이는 제가 넘어진 것처럼 울게 되는 거죠. 그밖에도 타자와의 동일시가 갖는 구조적인 양가성은 노예가 전제군주를 동일시하고 배우가 관객을 동일시하며 유혹 받는 자가 유혹자를 동일시하는 모습에서도 볼 수 있어요. 이처럼 라깡은 공격성과 자기애가 서로 간에 단단히 맺혀져 있는 양상을 관찰한 거죠. 공격성은 자기애의 환원될 수 없는 부수물이고 타자와의 어떠한 관계에서도 나올 수 있어요. 라깡은 공격성을 "주체의 생성에서 자기애적인 구조의 상관적 긴장"으로 봅니다.

3. 떠도는 시니피앙들

이청준의 단편소설 「이어도」는 잘 해독되지 않는 은유로 시작됩니다. 섬을 본 사람들은 모두 그 섬으로 가서 아직까지 다시 돌아오지 않았기 때문이란 이유가 덧붙여져 있어요. 그 섬은 억압된 시니피앙과 같아요. 섬이 보이는 데에 있지만 보

지 못하고 기껏해야 여러 가지 다른 대용물로 바꿔놓는 유희
는 무의식이 거주하는 장소라든가 무의식이 나타나는 방식과
너무나 비슷해요. 이래서 이어도를 탐색해가는 이 소설은 무
의식을 탐색해가는 정신분석의 한 과정을 보여줄 것 같다는
생각이 들었어요.

이어도의 탐색작전에 취재기자로 참여하는 천 기자의 동
기를 재구성해보면 허구가 현세적 삶의 한 방식으로 존재한
다는 겁니다. 이 섬은 이승에 살고 있는 사람들의 생활까지
"염치없게 간섭해 오면서" 이어도의 환상이 그 "허망한 마술"
로 사람들을 섬에서 떠나지 못하게 묶어 놓고, 그 죽음의 섬
을 이승의 생활 속에서 설명하려는 "망측스런 버릇"까지 지니
고 있답니다. 그 이어도가 실제로 살아 숨 쉬고 있는 이 섬의
섬사람들은 알든 모르든, 싫든 좋든 언제 어디서나 그 이어도
와 함께 살아가고 있다는 거죠. 알 수 없는 세계를 이 세계의
기호처럼 착각하게 만드는 것이 허구이고 환상이죠. 그러니까
이어도는 제주도에 살고 있는 사람들의 무의식을 가리키고 하
나의 시니피앙이 됩니다.

섬의 탐색작전은 이 잡듯이 누비고 다닌 치밀한 수색전
이었는데 이어도의 탐색은 실패하고 말았답니다. 그런데도
"원만히 완수되어진" 셈이라 하죠. 무의식의 상징이자 무의식

의 시니피앙인 섬의 수색작전이 동화나 도깨비장난 같다고 하면서도 그 탐색이 원만히 완수되었다고 하지요. 동화나 장난에도 주인공들이 있다면 그들의 운명은 강박적으로 결정되는 모습을 보여주고 있어요. 그들은 이어도라는 시니피앙을 중심으로 빙글빙글 도는 관계 속에 빠져 있지요. 그 시니피앙이 의미하는 바를 찾아 나서는 주인공들의 관계에 따라 두 개의 삼각구조로 재구성해볼 수 있습니다.

천남석 기자와 술집 〈이어도〉의 여인과 남양일보의 양주호 편집국장으로 형성되는 하나의 삼각구조가 있습니다. 천 기자의 자리를 대신하는 정훈장교 선우현 중위와 여인과 양 국장이 또 다른 삼각구조를 이루고 있어요. 천 기자와 선우 중위가 자리를 맞바꿀 수 있었던 까닭은 두 사람 모두 이어도라는 허구를 탐색하는 동일한 역할을 맡았기 때문이죠.

천 기자는 그의 부모와 마찬가지로 이어도를 두려워하다가 마침내 사랑하게 되고 이어도를 노래하기 시작하네요. 나중엔 이어도 없이는 못살고 결국 이어도를 만나 이어도로 떠나게 되는 그런 운명을 보이죠. 여기서 운명이란 타고나진 게 아니라 바로 그 섬이 만들고 있었던 거라고 하는데, 정신분석 용어로 말하면, 상징적인 법을 설정해주는 대타자에 의해 그 운명이 정해진다는 거예요. 이러한 이어도는 〈이어도〉라는 술집으로 치환되어 은유를 만들어내더니 그 〈이어도〉에서 세 사람 사이에 어떤 관계가 이뤄져요. "우린 날마다 이어도를 찾아옵니다. 이어도를 찾아와서 술을 마시고 이 이어도 여자와 노래도 부르고 사랑도 하면서 하루하루씩을 더 살아갑니다."

천 기자가 〈이어도〉 여자에게 길들여 놓은 해괴한 버릇은 잠자리에서 이어도의 노랫가락을 부르도록 하는 일입니다. 그건 바로 그의 어머니가 아버지와의 잠자리에서 부르던 노랫가락이에요. 따라서 〈이어도〉의 여인은 어머니의 환유죠. 이렇게 해서 천남석과 부모와의 관계로 형성되는 또 하나의 삼각구조가 발견되네요. 이것을 원삼각구조라 부를 수 있어요. 프로이트의 용어로 원삼각구조는 오이디푸스 콤플렉스에 해당되죠. 라깡은 삼자관계에 더 큰 비중을 둡니다. 아이는 환상 속에서 어머니의 몸과 환상적인 결합을 꿈꾸는 이자관계 속에서 살아요. 그러다가 아버지의 은유인 "아버지의 이름"이 그 관계 속에 끼어들면서 삼자관계 속으로 들어가게 되죠. 이 부명은 한 가정의 상징적인 법이고 질서가 됩니다. 부명과 함께 아이의 이름과 위치가 그 가정 내에 정해지고 아이의 정체성이 확립되는 거예요.

아버지가 돌아오고 깜깜한 밤중이 되면 그 이어도의 노

래가 들려옵니다. 깜깜한 어둠 속에서 어머니는 그 간절한 이어도의 곡조를 더욱 간절하고 안타깝게 불러요. 그때 그 소년은 어머니가 마치 꿈결 속에서 그 이어도를 만나고 있는 것 같은 느낌이 들게 되죠. 바로 그 순간에 이어도의 곡조라는 그 소리는 이어도라는 시니피앙으로 변환되지요. 소년의 위치는 아버지의 존재가 수평선을 넘나듦에 따라 수시로 변하게 되죠. 아버지의 유무에 따라 이자관계와 삼자관계를 교대하게 되는 거예요. 그런 아버지가 어느 날 해난사고를 당해요. 그때 아버지는 "파도 위로 하얗게 떠올라 있는 섬"을 보게 되었다고 하네요. 다른 어선에 구조되지만 말을 잃어버리죠. 아버지는 열흘 동안 아무 말 없이 천장만 쳐다보고 누워 있다가 돌연, "나 이어도를 보았다네"라고 말하죠. 섬을 본 사람은 그 섬을 떠나 다시 돌아올 수 없다는데 아버지는 돌아왔어요. 그런데 그 섬을 묘사할 말을 잃어버린 거죠.

지금까지 입에서 입으로 전해 내려오던 이어도의 전설을 깨버릴 뻔했던 아버지는 입을 다물어버림으로써 또 하나의 시니피앙이 됩니다. 더구나 한번 더 그 바다에의 새로운 모험을 준비하는 아버지의 그 은밀한 음모는 훗날 아들 천 기자를 죽음으로 몰고 가는 결정적인 동기가 되죠. 천 기자의 인생을 지배하는 강력한 시니피앙이 된다는 겁니다. 아버지는 당연히 수평선을 넘어갔고 전설처럼 그 이어도로 가버렸군요. 어머니도 뒤이어 이어도로 갔습니다. 진눈깨비까지 함부로 흩뿌리고 소란스런 바람소리와 파도소리가 어울리더니 빗줄기가 무섭게 문창살을 두드려대며 밤새도록 무시무시한 바람소리가 들리는 날에 어머니는 돌아가셨습니다. 그날의 풍경과 그 소리들은 천 기자가 실종되던 그날 밤의 풍경과 소리들과 똑같습니다.

2주간으로 예정되어 있던 수색작전이 실패로 돌아간 마지막 날 밤에 천 기자는 선우 중위에게 자신의 어린 시절에 관하여 긴 이야기를 털어놓습니다. 마치 분석가와 분석수행자 간의 관계 같아요. 라깡 정신분석에서는 시니피앙의 덩어리인 무의식이 분석 당사자인 두 사람들 사이에 놓여 있어서 소위 피동태인 "피분석자"(analysé)를 능동태인 "분석수행자"(analysant)로 부릅니다. 분석치료의 종결은 자신의 지나간 역사를 재구성해서 그 역사를 자신이 받아들일 수 있을 때라고 하죠. 정훈장교에게는 천 기자의 실종, 즉 그의 죽음에 대한 어떤 "임무가 맡겨지는" 거예요. 그렇잖아도 선우 중위는 천남석의 죽음에서 처음부터 어딘가 석연치 않은 구석이 느껴져 왔다고 해요. 그는 천 기자의 직장이었던 남양일보의 양 국장을 찾아가게 되고 양 국장은 선우 중위를 술집 〈이어도〉

에 상륙시키죠. 〈이어도〉의 여인이 살고 있는 허름한 주막집 안방으로 납치되었다고 해요. 그곳에서 선우 중위와 여인과 양 국장 사이에 두 번째 삼각구조가 만들어지게 됩니다.

선우 중위는 양 국장을 처음 만났을 때 거대한 몸짓에 한쪽 다리마저 절룩거렸다고 해요. 그의 무질서한 언동은 마치 무의식의 덩어리를 마주 보는 듯하고 이어도가 엮어놓은 시니피앙의 덩어리 같았을 겁니다. 그런데도 여인의 이어도 노래를 선우 중위에게 번역해주며 감동할 줄 알고 이어도에 관한 시를 읊으며 눈물을 흘리는 사내죠. 그의 몇몇 특징은 천 기자의 아버지를 연상시켜 줘요. 그는 오밤중에 천 기자의 집으로 선우 중위를 안내해가며, "자 갑시다. 나선 김에 마저 일을 끝내야지요."라고 말하게 되는 겁니다. 양 국장은 선우 중위를 천 기자의 집에 남겨둔 다음 왔던 길을 "지팡이에 몸을 의지한 채 어둠 속으로 한동안 부침을 계속하며 사라져" 가는 모습이 시니피앙처럼 느껴져 와요.

천 기자의 집에서 선우 중위는 〈이어도〉의 여인을 만나게 됩니다. 술집에서처럼 그냥 스쳐지나가는 만남이 아니라 두 사람 간의 체험으로써 만나게 되는 거예요. "처음부터 넌 내가 이렇게 널 찾아와 있을 줄 알았겠지." 선우 중위는 그 짧은 순간에 어둠 속에서 무섭게 노려보는 천남석의 얼굴과 양

주호의 커다란 웃음소리, 자갈밭에서 부르는 한 아낙의 가난하고 암울스런 노랫가락, 그리고 그물코 사이로 솨솨 불어오는 그 옛날의 바람소리들을 추체험하고 있었다는군요. 그러니까 그 이어도의 마력이 선우 중위에게로 뻗치고 이 모든 환각들을 쫓아내려고 그는 땀을 흘리고 안간힘을 쓰며 쉴 새 없이 허튼 소리를 지껄여 대고 있어요. 그녀도 말없이 이 모든 것을 견디면서 기다리고 기다리면서 견디는 것뿐이죠. 침묵으로 말하고 몸으로 말하는 거예요. 그녀는 어두운 침묵의 수렁입니다. 무의식의 덩어리죠. 그 무의식이 스스로 옷을 벗고 선우는 체험으로 깨달아요. "넌 이 제주도 자갈밭에서 죽을 때까지 돌을 추리던 여자였을 게다."

여자에게서 마침내 반응이 나타나기 시작합니다. 신음 같기도 하고 한숨소리 같기도 한 희미한 웅얼거림이 문득 입밖으로 흘러나오기 시작한 거죠. 그것은 오랜 제주도 여인들의 슬픈 민요 가락입니다. 천남석의 어머니도 남편이 수평선을 넘어오는 날이면 어둠 속에서 그 노랫가락을 웅얼거렸겠지요. 선우의 등골에선 식은땀이 솟아요. 하지만 그 소리를 놓치고 싶지 않아서 점점 더 많은 땀을 흘리고 그에 따라 여인의 노랫가락도 점점 더 분명하고 안타까운 가사로 여물어져가고 있더랍니다. 천남석의 시니피앙인 선우는 그의 여인을 확인하고 또 그의 어머니까지 확인하고 있었답니다.

이처럼 원삼각구조가 첫 번째와 두 번째 삼각구조에서 반복되고 있어요. 이것을 반복강박이라 부르죠. 은유와 환유라는 시니피앙의 연쇄에 의해 주인공들의 관계가 어쩔 수 없이 반복되는 구조를 보여주고 있어요. 천남석은 아버지를 동일시하며 어머니의 이어도를 찾아 나서죠. 이어도 탐색의 일환으로 〈이어도〉 여인과 만나서 어머니의 노랫가락까지 가르치지만 그 이어도를 찾아내지 못하고 동화나 도깨비장난 같은 탐색작전에 참가하게 됩니다. 원삼각구조가 첫 번째 삼각구조에서는 자연스럽게 반복되지요. 무의식에서 일어나는 자동적인 반복입니다. 하지만 두 번째 삼각구조에서는 선우가 천남석을 동일시하여 천의 자리를 대신 차지하고 있어요. 양국장의 역할도 엉뚱해요. 마치 치밀한 각본에 따라 선우를 체험의 현장으로 인도하는 것 같죠. 여기서의 반복은 인위적인 낌새가 풍겨와요. 마치 분석가와 분석수행자 간의 계약관계 같습니다.

다음날 아침에 선우는 여인과의 두 번째 체험을 통해 통상적인 분석가-분석수행자의 위치를 회복합니다. 선우는 천남석의 환유죠. 인접성에 의한 자리바꿈이니까 전치예요. 여인과의 체험을 통해 선우는 천남석의 욕망을 짐작하게 되지요. 역시 인간은 타자의 욕망을 욕망하는 겁니다. 이처럼 이청준의 작품 「이어도」는 분석치료의 아날로지가 되는 거예요. 그래서였는지 1994년 4월 어느날 이청준 선생은 제 졸고에 대해, "김박, 완벽해, 완벽해!"란 말씀만 남기곤 전화를 끊으셨습니다.

4. 어머니 담론의 정신분석

이청준의 작품들이 지속적으로 정신분석적인 관심을 불러일으키는 연유에 대해 생각해봅시다. 프로이트가 문학을 분석하면서 보인 변함없는 관심사는 시인과 정신분석가 가운데 누가 먼저 무의식을 발견했을까? 라는 질문이에요. 프로이트는 무의식의 발견을 항상 시인에게 양보했다고 하죠. 창조적인 작가들은 직접 영혼에 관한 진실을 직관으로 알아차리게 되는데, 정신분석학자는 좀 더 힘든 방법으로 뒤늦게야 겨우 그 진실을 알아차릴 수 있었다는 거예요. 그런 작가 중의 한 사람이 이청준으로 생각되는 겁니다.

이청준의 『꽃 지고 강물 흘러』의 표제작은 정신분석 과정에서 훈습(薰習)이 저항에 대한 해석을 주입시키고 그 해석이 야기하는 저항의 극복을 보여주는 작품이라서 정신분석학자의 주목을 끕니다. 이 작품은 어머니의 집이란 시니피앙을 둘러싸고 갈등을 빚어내고 있어요. 그 내력을 간단히 살펴보면 이렇습니다.

어머니를 위해 지어드린 집을 어머니가 돌아가시고 난 뒤로 형수가 차지해 버렸습니다. 형은 윗마을의 옛집과 논밭과 조상들의 선산까지 깡그리 팔아 음주로 없애버렸지요. 결국 주벽 때문에 형이 죽었다는 소식을 듣고 노인을 찾아 내려갔어요. 늙은 어머니는 아들이 독주를 마시고 떠나간 어떤 움막집의 거적방에서 30대 초년의 형수와 어린 세 조카아이들과 함께 지내고 있었어요. 사람이 살 만한 곳이 못 되는 그 거적방에 식구들을 남겨 두고 발길을 돌릴 수 없었겠죠. 노인에게 거처를 마련해 드리겠다는 외상 선심을 깔게 되고 그 약속은 분명한 빚 문서로 못 박히게 됩니다. 10년이 지난 후에야 겨우 마련해드린 집이에요.

노인의 발길이 오가던 길목이요, 아직도 당신의 혼백이 오가고 있을 곳이요, 그래서 내가 두고두고 당신을 만나러 다닐 이 길목 집은 아직도 당신의 집이어야 한답니다. 구태여 그렇게 선언해야 한다면 그건 내 마음속에 어떤 변화가 오기 시작했다고 보는 것이 마음의 흐름을 살피는 정신역동이죠. 어

157

머니가 돌아가신 뒤로 거의 1년 동안 발길을 끊고 지내다가 고향집을 찾아갑니다. 집안은 텅 비어 있어요. 이미 오래전부터 붙어버린 습관대로 바닷가에 나와 등 뒤로 멀리 뒷산 자락을 올려다봤을 때, 순간 옛날 노인의 모습을 다시 본 것 같은 착각에 사로잡히죠. 착각은 금방 교정되고 필시 형수의 모습으로 밝혀집니다.

작가는 이런 착각을 일으킨 두 가지 요인을 들고 있어요. 그 하나는 형수의 실없는 농담 투라는 시니피앙을 들고 나오는 심리적 치밀함을 보여줍니다. 바로 그 시니피앙은 여러 시니피앙들이 모여 형성된 의미화 연쇄를 표상하는 주체가 되죠. 형수는 돌아가신 시어머니와 늘 함께 지낸다고 말합니다. 밭도 같이 매고 도란도란 이야기도 나누고. 엄니도 거기 혼자 누워 계시기가 적적하신지 밭에만 올라가면 그렇게 반기고 나오신다고 한다니. 또 하나는 화자가 그 형수를 찾고 싶어 하지 않는 심사나 눈길 탓으로 돌리고 있어요. 자신의 그런 심리를 씁쓸한 느낌을 넘어 허망스러운 감회라고 기술하죠. 이런 감정변화는 갈등해결의 실마리를 보여주고 있는 겁니다. 늙어가는 형수의 안타까운 변모를 봤기 때문이죠.

그러면서 이 이야기 가운데 가장 감동스런 부분으로 옮겨가고 있어요. 이런 공감이 갈등해결의 핵심이 된다고도 하네요. 형수가 노인과 아이들을 거두기 위해 십리 밖 장터거리까지 갯것 장사를 나다녔던 에피소드가 이어져요. 특히 형수의 귀가가 늦는 날이면 노인이 그 며느리의 어두운 밤길이 걱정되어 산기슭 굽이까지 마중을 나가곤 했다는데, 그런 노인이 마음속에 깊이 담아 온 한 가지 사연을 형수의 귀를 피해 화자에게 털어놓은 것이죠. 형수의 밤 귀갓길이 유난히 늦어진 어느 날, 노인의 어둠 속 길마중도 보통 때의 산모퉁이를 훨씬 지나고 있었다는군요. 노인이 앞으로 한 걸음 한 걸음 나아가고 있는데, 저만큼 까마득한 어둠 속에서 보이지 않는 노인을 향해 "엄니, 지금 어디 계시오?"라는 무서움 기를 떨치려는 형수의 부름 소리가 들려옵니다. 이어 "오냐. 나 여기 있다! 인제 맘 놓고 천천히 오거라"는 노인의 반가운 응답이 이어지고 잠시 후 두 사람은 어둠 속에서 서로 만나게 됩니다. 노인은 며느리의 갯것 광주리를 빼앗듯이 받아 이고 앞장을 서겠죠. 가쁜 숨을 고르느라 한동안 말없이 어둠 속을 뒤따르던 며느리가 노인을 부르며 이렇게 말했답니다. "엄니, 이젠 더 나이도 묵지 말고 늙지도 마시오, 이?" 노인은 며느리가 하도 안쓰러워 목이 메고 눈시울이 뜨거워져 아무 말도 못하고 혼자 속다짐뿐이었지만 이렇게 대답해주었답니다. "그래, 내 자석아. 나 인자부턴 나이도 더 묵지 않고 늙지도 않으마.

늙지도 죽지도 않고 언제까지나 니 곁에 함께 있어 주고 말고 야."

　노인이 아들에게 이런 소리를 형수에게 알게 하지 말라고 당부까지 하면서도, "니 형수도 왜 그 말을 못 들었겠냐. 어둠 속에 아무 대꾸를 못하고 발걸음만 재촉해간 이 늙은이의 가슴속 소리를…." 이것이 바로 대타자들끼리 나누는 꽉 찬 말(parole plaine)이죠. 그런 말을 나누는 자리가 바로 무의식이란 장소예요. 그래서 "무의식은 대타자의 담론"입니다. 이런 것이 바로 **무의식**의 **경험**이고 분석을 체험하는 방식이에요.

　그러나 한 번의 통찰력 획득으로 갈등이 해소된다면 얼마나 다행한 일일까요? 분석 치료에서는 완성·단련·타개·돌파·극복 같은 다양한 의미의 독일어 Durcharbeitung을 불교 용어에서 빌려온 훈습으로 번역해 사용하고 있어요. 이런 과정을 거쳐야 치료를 끝낼 수 있다고 알려져 있어요. 주체는 훈습 덕분에 억압된 요소들을 받아들이게 되고 반복강박으로부터 자유스러워집니다. 우선 노인의 치매 끼에서 비롯된 형수의 금족령과 불공스런 원망의 소리와는 다르게 노인의 사후에 형수의 애끓는 곡성과 절통스런 호곡 같은 불가사의한 행동들이 줄지어 나타난다고 해요. 그런 행동들은 도저히 이해할 수 없고 기이하고 불가사의했음을 회상하게 되죠. 먼 산밭에서 확인한 인적이 형수가 아닌 옛날의 노인으로 잘못 본 착각의 경험에 대해 씁쓸한 느낌과 함께 그 형수에 대한 분노마저 느끼게 되었다는군요. 더구나 산밭에서 형수의 술타령과 어머니와의 해후라는 둘러치기 변명투는 가당찮고 역겨워지기도 했답니다. 그런 저항들을 내보이고 있어요.

하지만 형수가 나를 알아보았는데도 노인 때문에 집으로 내려오지 못했다는 뒷말이 이상하게 들리면서 어떤 심리변화를 예고해주고 있어요. 어머니가 살아계실 때 항상 그랬듯이 뒤에서 콩단을 불끈 밀어서 이어줘야 이고 갈 수 있다는 얘깁니다. 그런데 어머니는 돌아가셔서 저승의 나이까지 늙어가시는지, 근자에 들어선 통 힘을 못 쓰시더래요. 밭일 중에 노인의 묘소에서 당신과 함께 술잔을 나눴다고 했는데, 노인의 치매기 이후나 사후에까지도 계속 그런 심사 속에 노인과 일손을 함께하고 있었구나! 그런 느낌이 들면서 소주를 함께 나눴다는 소리를 들었을 때와는 달리 형수의 넋두리가 마냥 시답잖거나 역겹지 않더라는 거죠. 여태까지와는 다르게 형수가 그새 어딘지 노인의 말년 때처럼 무기력해 보여 측은한 생각이 들기도 했답니다.

이런 심리적 변화를 거쳐 나무젓가락처럼 앙상하게 졸아버린 깡마른 형수의 종아리에서 영락없이 옛날 노인과 하나임을 확인하게 됩니다. 그 형수의 뒷모습에서 옛날 노인을 보는 것처럼 마음이 안타깝고 측은해 온다는군요. 여기서 훈습을 끝낼 수도 있어요. 하지만 작가는 또 하나의 과정을 설정하는 정신분석의 대가다운 모습을 내보입니다. 작가는 또 다시 저항을 보이면서 또 다른 훈습을 요구하고 있어요. 모습만 가지고는 안 된다는 거죠. 겉모습으로 섣불리 감상에 젖을 수는 없다고 해요. 화자는 영락없이 옛날 노인과 하나인 형수의 모습으로부터 눈길을 외면하면서 생각을 다잡아 갑니다. 저항의 모습을 어찌 이보다 더 정확히 묘사할 수 있을까요.

그러나 말할 입이, 즉 담론이 필요하다는 겁니다. 어둠이 쌓이기 시작한 내리막 밭둑길을 조심조심 앞장서 걷기 시작하는 형수를 뒤따르고 있었는데, 그때 늦은 밤길을 돌아오는 며느리를 맞아 어둠 속을 앞장서 걸으며 당신 혼자 며느리 모르게 참아 삼키고 있었다는 그 소망의 다짐 소리. 형수가 노인의 심약해진 기미를 속상해할까 봐 내게도 모른 척 넘기라 당부를 잊지 않았던 노인의 소리를 형수의 입을 통해 다시 듣게 됩니다. "내가 아무래도 늙질 말아야 할 것인디… 엄니도 안 계신 집 이렇게 늘 잊지 않고 찾아 주는 사람들이 있는디, 나라도 이대로 더 늙어 가질 말아야 할 것인디…" 형수의 이런 푸념 속에서 노인의 생각처럼 형수도 그때 그 노인의 마음속 말을 듣고 있었던 것이죠. 이것이 무의식의 **통화**예요. 대타자들끼리 무의식이란 장소에서 만나 **꽉찬말**을 주고받은 거예요. 형수는 그 노인의 속말을 그대로 되풀이하고 있지요. 이제 그 말은 형수의 소리가 아니라 어느 저녁 어둠 속을 앞장서 가던 노인의 소리를 노인의 입을 통해 다시 듣고 있는 겁니다. "내가 늙지 말고 이대로 집을 지키고 있어야 할 것인디 … 우리 집을 언제까지나 이대로 지키고 앉아 있어야 할 것인디…." 이때의 **우리 집**은 정말로 형수와 나와 내 가족과 조카들이 모두 포함된 **우리의 집**이란 생각이 들었다고 해요.

5. 왜곡된 기억의 정신분석

분석치료에서 기억을 불러내는 일은 미래와 관련하여 자신의 인생사가 주체에 의해 실감나게 된다는 것을 의미합니다. 다시 말해, 주체가 인생사의 완전한 재구성을 목표로 삼고 또한 인생사의 수임을 목표로 삼는다는 거예요. 이 말은 과거의 생생한 사건을 되새기는 일이 중요한 것이 아니라 자신의 과거를 **재구성**하는 일이 중요하다는 뜻이죠. 그 요점은 기억의 문제라기보다는 역사를 다시 쓰는 문제예요. 그런 작품을 하나 만나게 됩니다. 2005년 겨울에 발표된 이청준의 「지하실」이죠. 이 작품은 지하실에 얽힌 시니피앙들의 모습을 보여주면서 두 가지 왜곡된 기억들을 내보이고 있어요.

지하실이란 장소가 등장하는 이전의 작품들에는 심리적 외상들로 점철된 기억들이 웅크린 채 들어차 있는 연작소설 "가위 밑 그림의 음화와 양화" 그리고 어머니의 죽음에 관한 이야기인 장편소설 『축제』가 있어요. "가위 밑 그림의 음화와 양화" 가운데 제3편인 「금지곡 시대」에는 마치 꿈 분석의 교과서처럼 여러 가지 악몽들이 나와요. 그러나 이 작품에서 정신분석학자의 눈길을 끄는 것은 불가사의한 수수께끼처럼 특히 죽음의 위협에 맞서 스스로 지하실을 나온 "자존성의 얼굴"입니다. 그 당장엔 이해가 전혀 불가능한, 오래도록 마음의 숙제로 남아온 일이라고 해요. 라깡 정신분석의 용어를 빌리면, 그건 언어로 표현할 수 없는 실재계죠. 제5편 「키 작은 자유인」에도 6·25전란 중에 죽음의 막다른 위협에 쫓기던 한 집안 어른이 어두운 비밀 지하실 피신처에 숨어들었다가 당신 자신의 죽음의 자리로 결연히 걸어 나간 사건이 지워지지 않는 음화 필름으로 회상되고 있어요.

정신분석에서 기억은 심리학자들이 말하는 기억과는 사뭇 다릅니다. 정신분석에서는 기억이 주체의 상징적 역사 또는 서로 연결되어 있는 시니피앙들의 연쇄를 뜻해요. 그것이 무엇이든 간에 의미화 연쇄에 기입되었을 때 그것은 기억될 수 있어요. 우리가 주체에게 그의 무의식으로 인식하도록 가르치는 것은 그의 역사라는 점에서 무의식은 일종의 기억이에요. 하지만 기억에 관련된 것 가운데 분석가를 가장 매료시키는 현상은 기억에서 무언가 잘못되었을 때죠. 그 때는 주체가 그의 역사의 한 부분을 기억하지 못하게 되는 순간이에요. 정신분석상의 주체를 명확하게 만들어주는 것은 그가 망각한다는 사실, 즉 하나의 시니피앙이 의미화 연쇄에서 지워질 수 있다는 사실입니다.

「금지곡 시대」에서는 죽음의 위협에 맞서 스스로 지하실을 나온 자존심의 얼굴로 기억됩니다. 또한 「키 작은 자유인」에서도 어두운 지하실에서 차마 더는 낮아질 수가 없어 스스로 그곳을 나와 배신자가 기다리는 자기 죽음의 자리로 꿋꿋이 걸어 나간 집안 어른의 자존심으로 기억되고 있어요. 하지만 『축제』에서는 큰 위기에 처한 일갓댁 어른을 노인이 집안 부엌 나무청 밑에다 숨겼다가 살려 보낸 사연으로 변하고 있죠. 「지하실」이란 작품의 기억도 그 어른이 지하실에서 지낸지 사흘째 되던 날 이른 새벽 지하실을 나와 집으로 되돌아가게 되어 『축제』에서의 기억과 일치해요.

그렇다면 아무도 몰래 부엌 지하실로 숨어들었다가 침착하고 의연한 목소리로 차마 못할 노릇 같아 그냥 간다고 말하면서 곧장 동네 회의장으로 찾아가 죽음을 맞이한 사람은 누구일까요? 다름 아닌 윤호의 아버지예요. 그러니까 어두운 지하실을 나와 죽음의 자리로 꿋꿋이 걸어 나간 자존심의 인물이 성조 씨의 조부가 아니라 윤호의 아버지라는 겁니다.

종가 어른의 일이 지하실의 떳떳한 구실이었다면, 그곳은 한편으로 섣불리 들춰내고 싶지 않은 어두운 그림자가 서린 곳이기도 해요. 이제 지하실의 복원을 쉽게 밀어붙이지 못하고 망설이는 마음속 사연은 지하실이 명암과 영욕의 내력을 양면으로 함께 간직해왔기 때문이죠. 지하실을 복원하여 어느 한쪽을 들춰내면 당연히 다른 한쪽도 따라 드러나게 마련이란 겁니다. 그것은 자의적 선택이 불가능한 기억의 권리 밖 일이라는 거죠. 여기서 다른 한쪽이란 어두운 그림자가 서린 윤호의 아버지에 관한 일이에요. 그 지하실을 갖춘 옛날 집은 주인공의 마음속에서 지워져 없어져야 할 어둠의 역사였던 거죠. 이십 년 동안이나 억눌러서 잊어 오다가 이번의 구가 개축 일로 그 모든 일이 새삼 되살아난 꼴이라 하네요. 그와 동시에 그 지하실은 종가 어른을 지켜낸 자랑스러운 화창한 역사의 표상이기도 해요.

두 번째 왜곡된 기억은 「키 작은 자유인」에서 화자가 지하실의 밀고자에 대해 느끼는 엄청난 배신감이고 「지하실」에서는 병삼 씨에 대한 성조 씨의 회상 사이에 생긴 틈새가 되죠. 그런 변화의 싹은 『축제』에서 화자의 큰누이가 보여준 회상에서부터 터오고 있었어요. 여기서 무서운 성정의 어머니가 수색조들 앞에서 뒤져보고 싶으면 어디 맘대로 뒤져들 보라고 했다는 일화가 기록됩니다. 그 가족들에게 엄청난 심리적 상처를 남긴 지하실의 밀고자가 동팔의 아버지인 성 영감으로 기록되어 있어요.

　　그 성 영감이 「지하실」에서는 그날 밤 지하실을 앞장서 찾아갔던 병삼 씨로 기명되어 있어요. 더구나 그는 옛 가주의 둘도 없는 이웃사촌이라서 어머니의 두려움과 분노는 치명적이었다고 하네요. 주인공으로서도 그에 대한 배신감 때문에 치를 떨어야 했고, 그 당시에 지하실 어른에 껴묻어 그 가족들까지도 작자의 음흉한 올무에 걸려든 것 같은 두려움과 절망감을 느꼈다고 해요. 입조차 뗄 수 없는 그 배신에 대한 두려움은 며칠씩 옥죄고 마비시켜놓은 꼴이라 했어요. 그쪽 세상 권세를 남 앞서 누리려고 나선 위험한 패덕한으로 단정했던 거예요. 주인공의 어머니는 병삼 씨에 대한 원망을 저승까지 담아 가셨고, 병삼 씨도 끝내 그런 어머니의 오해를 풀어드리지 못한 걸 서운해 하다가 연전에 세상을 떠나고 말았답니다. 성조 형님의 회상이지만, 어머니와 병삼 씨 두 양반 간에는 이제 그날 일이 사실대로 바뀔 일이 없게 된 꼴이라는 거예요.

이튿날 아침 성조 형님의 소개로 팽나무 아래에서 화자는 원옥 씨를 만나게 됩니다. 그는 윤호 아버지의 시신 위에 거적 한 장을 덮어줬다가 나중에 다시 윤호의 어둠 속 호곡을 달래러 나갔다던 그 노인장의 큰아들이죠. 그는 그 나이에도 아직까지 동네 일 모르는 게 없는 감시관 노릇을 다 하고 지내는 노인이랍니다. 그에게서 듣는 **현행진술**은 잠재진술에 부딪쳐 새로운 기억들로 튀어나오죠. **잠재진술**이란 아직 말해지길 기다리거나 이미 말해진 진술들이라서 잠재적이고 무의식적인 상태예요. 그에 따라 의미화 진술은 **무의식**의 행위화이고 무의식은 현행진술의 행위 속에 존재합니다. 달리 말해, 잠재진술은 과거의 일들과 앞으로 튀어나올 미래의 진술들이 뒤섞여 있는 시니피앙들의 연쇄예요. 이렇게 원옥 씨는 화자에게 무의식의 공간을 마련해주고 있습니다.

그 당시에 청년이었던 원옥 씨는 현장에 불려나가 윤호의 아버지를 당장 끌고 오라는 명령을 받고는 성조 형님네 측간 거름 더미 뒤로 숨어 있었다고 하네요. 한참을 떨고 있으니까 회관 쪽에서 총소리가 들렸어요. 그들이 모두 짐작했던 대로 윤호의 아버지가 자기 발로 걸어가 일을 당한 소리였던 거예요. 그 뒤로 안심해도 된다는 말을 전해 듣고는 곧바로 윤호네 집으로 몰려갔던 거죠. 윤호네 집에서 뜨거운 죽 한 대접씩을 얻어 마시고는 그 떨림기가 겨우 주저앉더라는 원옥 씨의 회상이에요. 윤호네 집으로 가서 죽을 먹다니? 어쨌든 그 집은 사람을 잃은 상가였고 상가에는 한 동네 이웃이 찾아가 밤을 새워주는 것이 도리였고. 상가 사람들은 동네사람들을 따뜻이 대접하는 게 인사라고. "우린 그렇게 살아왔어! 한 동네 이웃 간에 서로 그렇게 지내왔길래 한 집 지하실로 서로 다른 위험을 피하러 찾아가는 일도 생기지 않았겠어!"

이거야 말로 **실재계를 적중**하는 해석입니다. 이런 해석을 통해 이전에는 결코 이해할 수 없었던 과거의 어떤 장면을 재구성하게 되죠. 실재계란 아직 상징화되지 않은 것, 말로 옮겨지지 않은 어떤 거예요. 상징화의 한 가지 예로, 「지하실」에서는 화자인 "나"를 포함한 모든 등장인물들에게 일일이 그 이름을 붙여줌으로써 상징화를 획득하게 됩니다. 이런 상징화는 그 인물들에 투자된 막대한 양의 감정들을 배출시켜 줘요. 실재계를 적중시키는 해석은 기존의 진실을 드러내는 것이라기보다 오히려 진실을 창조해내는 일이죠. 진실은 오로지 언어 속에서만 존재하는데, 말할 수 없는 것은 아직 진실이 아니기 때문입니다.

진실은 해석에 의해 발견되거나 드러나는 것이 아니라 창조되는 것이라고 했습니다. 이 작품 속의 화자는 수차례 성조 형님을 만나면서 진실의 주위를 맴돌다가 그 진실의 청취만을 기다려왔던 셈이죠. 십대 중반에 마을을 떠난 화자는 육십 고개를 훌쩍 넘겨 아들 덕분에 어릴 적 옛집을 고쳐 세우는 일로 고향을 다시 찾게 된 거예요. 그새 집 주인이 몇 번씩 바뀌어서 옛날 기억과는 다른 데가 많을 거라는 전언과 함께 성조 형님이 보여준 설계도면에서 옛날 지하실이 사라진 것을 발견하게 되죠. 그 순간 그의 한 생애가 통째로 거기 묻혀 흔적조차 지워지고 만 듯한 상실감을 느꼈다고 해요. 그가 정작 그 밀실을 되살려내서 간직하고 싶은 까닭은 그 지하 밀실이 사람의 생사 갈림길을 숨겨 안기도 했던 "보다 위태롭고 은밀한 내력" 때문인 거예요.

화자는 성조 형님과의 대화에서 마지막 정곡을 찌르고든 병삼 씨의 이야기로 돌입합니다. 돌아가신 아버지의 둘도 없는 이웃사촌인 병삼 씨의 배신행위에 대해 어머니의 치명적인 두려움과 분노가 그 지하실에 서려있기 때문이에요. 성조 형님은 그가 말하지 않았어도 간밤부터 무얼 어떻게 생각하고 있는지 다 알고 있었다는 겁니다. 병삼 씨는 그런 사람이 아니었다는 거죠. 언젠가 성조 씨의 조부님께 이 집의 지하실 이야기를 말씀드렸던 생각이 난데다 일행 중 어느 놈이 그날 어둠 녘에 조부께서 이 집 골목으로 들어가는 것을 봤다는 소리를 들었기에 병삼 씨가 앞장서 쫓아와 조부님을 지켜드린 거라는군요. 주인공으로서는 뜻밖의 사실이죠. 그러나 성조 형님의 말을 듣고도 그날 밤 병삼 씨 일은 쉽게 생각이 바뀔 것 같지 않았답니다.

성조 형님이 화자의 생각을 바꾸게 하려는 목적은 병삼 씨의 결백이나 지하실의 복원 여부가 아닙니다. 그때의 일을 이대로 그냥 저 지하실 어둠 속에다 묻어두고 넘어가자는 거였어요. 지하실 이야기는 화자의 미련에 쐐기를 박는 또 하나의 에피소드로서 끝맺고 있어요. 윤호의 아버지가 그날 밤 그 지하실에 은신해 있다가 나왔다는 사실을 이 마을 사람들은 곧바로 알아채고 있었다는 거죠. 그런데 지금까지 어느 누구도 그런 마음속의 의심을 입 밖에 내어 말한 일이 없었다는 겁니다. 화자는 성조 형님의 어조에서, 눈길을 바꿔보면 세상 일이란 사람 따라 세월 따라 다 그렇게 달라 보이는 법이라는 말을 예감하고 있었어요.

「지하실」이란 작품은 지하실이란 구멍을 싸고도는 고통

스럽지만 즐길 만한 시니피앙들의 작업을 제공해줍니다. 그 지하실이 원죄처럼 어두운 기억으로 남아있었기 때문에 오랜 세월 동안 그 집 자체를 마음에서 외면하고 살아온 거겠죠. 그 지하실이 오랜 세월 망각의 어둠 속에 묻혀 있다가 어느 날 제법 그럴 듯한 모습으로 다시 나타나게 된 겁니다. 성지(聖地)로까지 여겨지다가 거기에 무슨 지울 수 없는 세월의 마디를 얹혀보길 원했던 그 지하실은 "이젠 내 앞에 껌껌한 입을 벌리고 다가드는 느낌"으로 찾아오게 된 것입니다. 지하실은 이제 다시 제 어둠 속으로 사라질 운명을 맞고 있어요.

정신분석에서는 망각을 "알 수 없는 것" 즉 무지(無知) 혹은 무명(無明)의 여러 형태들 가운데 하나로 여깁니다. 망각이 구멍은 구멍이지만 기억의 구멍은 아니에요. 어떤 장면이나 의미나 이미지를 잊어버린 것도 아니고 되돌아오지 않는 회상도 아니죠. 프로이트를 따르면, 망각이란 시니피앙의 결핍입니다. 달리 말해, 시니피앙으로 둘러싸이고 시니피앙으로 표시된 구멍인 거죠. 사라진 시니피앙을 대신해서 다른 시니피앙들이 치환되기 위해 그 구멍으로 몰려오기 때문에 **시니피앙의 결핍**이라고 말할 수 있어요. 이처럼 시니피앙은 사라지는 것이고 지워 없앨 수 있으며 치환될 수 있는 것이죠. 바로 여기서 흔적과 삭제라는 개념이 필요해져요. 그 흔적이 지워지면서 의미를 지니게 되는데, 단지 지워지기 때문이 아니라 그 지워진 장소에 십자표시를 해둠으로써 "내 자신의 흔적"을 남기기 때문이죠. "달아나는 시니피앙"은 치환하러 찾아오는 새로운 시니피앙들과 압축을 이뤄요. 바로 이런 치환과 압축이란 은유의 메커니즘 덕분에 새로운 시니피앙이 만들어지는 겁니다.

화자가 어렸을 때부터 보고 들었던 사람들과 사건들에 대한 막연한 기억들이 말로 표현되면서, 다시 말해, 상징화를 통해 그 사람들과 사건들에 투자된 막대한 감정들이 배출되고 있어요. 특히 병삼 씨에 달라붙어 있던 배신감과 분노와 같은 고착현상이 상징화로 풀려 나가죠. 이처럼 실재계를 적중시키는 성조 형님의 해석을 들으면서, 지난 일이 소중하다면 내일, 또 지난날이 될 오늘의 일이 우리에게는 더 소중하다는 **무지렁이 분석가**의 엄연한 존재를 새삼 느끼게 해줍니다.

하지만 직관적인 설명만으로는 그런 효과를 기대할 수 없어요. 어느 날 화자가 성조 형님이나 원옥 씨를 만나 병삼 씨는 그런 사람이 아니라는 선언적인 해석을 들었다 합시다. 성조 형님이 아무리 직관적이라 해도 그와의 하룻밤 사이의 대화로 이뤄질 수 있는 일은 아니잖습니까? 해석이 진실을 만들어내려면 그를 위한 토대가 먼저 마련되어야 한다는 거예요. 윤호와 그의 아버지의 일화 같은 것들이 보여주는 주변자료가 먼저 해명되어야 하고 분석가와의 관계도 공고해져야 하죠. 분석가는 분석수행자를 잘 알고 있어야 하고 그래야만 분석수행자가 분석가의 선언적인 해석에 마음의 문을 열 수 있기 때문입니다.

이렇게 해서 어두운 지하실을 나와 죽음의 자리로 꿋꿋이 걸어 나간 자존심의 인물이 성조 형님의 조부가 아니라 윤호의 아버지라는 새로운 진실이 만들어지고 그에 따라 지하실의 역사도 새롭게 써질 수밖에 없습니다. 불가사의한 수수께끼와 그 당장엔 이해가 불가능하고 오래도록 마음의 숙제로 남아온 그의 **실재계**가 언어로 표현될 수 있었어요. 그와 함께 화자의 마음속에서는 저승까지 담고 가셨을 어머니의 원망과 그런 어머니의 오해를 풀어드리지 못한 채 세상을 뜨고 말았던 병삼 씨의 새로운 역사가 재구성되고 있는 거예요.

어디 병삼 씨의 역사뿐이겠습니까? 화자의 역사도 새롭게 쓰이고 있는 거죠. 1988년에 발표된 「가위 밑 그림의 음화와 양화」로부터 『축제』를 거쳐 「지하실」에 이르기까지 17년간에 걸친 역사 쓰기가 됩니다. 우리는 이청준이란 작가의 **새로운 역사 쓰기**를 통해 각각 그 당시의 의미로서 **새로운 역사 읽기**를 경험하고 있습니다.

8장 닥터 정약용과 다산 정신분석학

1. 닥터 정약용

　　다산 정약용(1762-1836)은 유학자이자 그 당시의 유의(儒醫)로서 오늘날의 시각으로 보면 대선배 의사였습니다. 다산은 주로 그의 경학(經學)과 경세학(經世學) 및 서학(西學)에 관한 연구에 의해 학계에 널리 알려져 있습니다. 뿐만 아니라 자연세계와 과학기술에 대한 그의 해박한 지식도 잘 알려져 있고, 특히 과학기술에 대한 그의 진취적인 태도는 우리의 주목을 끌만합니다.

　　그의 여러 가지 과학기술 가운데에서 먼저 의학에 관한

지식을 알아보고, 그의 사유체계에서 읽어낼 수 있는 정신분석 이론을 검토해 보려고 합니다. 우선 박석무 선생의 『다산 정약용 유배지에서 만나다』라는 저서부터 살펴보죠.

> 실제로 다산은 당대 최고의 의원이었다. 귀양에서 풀려 고향으로 돌아온 뒤인 예순아홉 살 때 순조대 왕을 대리하여 국사를 돌보던 익종의 환후가 깊어 궁중 어의들의 의술로는 치료에 효험이 없자 시골에 있던 다산을 불러 치료를 했던 적이 있다. 물론 너무 늦어 약을 올리기도 전에 익종은 승하하고 말았지 만 말이다.
> 일흔세 살 겨울에도 순조대왕의 환후가 깊어 궁중 의 의술로 치료가 되지 않자 다시 다산을 불러 궁중 으로 가던 중 초상이 났다는 소식에 그냥 집으로 돌아왔다. 임금이 병이 났는데 초야에 있는 다산을 불러 치료해주기를 간청했다면, 다산의 의술이 최고 수준이었음을 다시 말할 필요가 없다.

여기서 "다산의 의술이 최고 수준이었고" 따라서 그가 "당대 최고의 의원"이었다면 그는 분명히 오늘날의 실증주의 의사였을 겁니다. 다산은 오늘날의 닥터 정(Dr. Chŏng)이라 할 만하죠.

그런데 참으로 이상한 일이에요. 한의학에서는 허준이나 이제마를 그리도 높이 존경하면서도 다산에 대해서는 언급되는 일이 별로 없어요. 도저히 이해할 수 없는 일이죠. 그 이유를 과학사 전공의 김영식 교수가 제공해 줍니다. 그의 저서인 『정약용 사상 속의 과학기술』에는 다산이 보인 맥진 이론에 관한 비판을 볼 수 있어요. 신체의 오장육부를 촌관척(寸關尺)이란 손목의 특정 지점과 연관 짓는 행위를 다산은 "망령되다"고 표현했다는 겁니다. 다산은 맥이 오장으로부터 팔다리에 전해지는 것을 물이 산에서 발원하여 하류에 도달하는 것에 비유하고는 그 같은 연관에 근거가 없음을 지적했어요. 더구나 다산은 맥을 짚어서 그 사람의 성정(性情)이나 명(命), 화복까지 알아낸다는 생각을 당연히 배격한 거예요.

당시 조선 학자들 사이에는 **상관적 사고**가 널리 퍼져 있었어요. 자연세계와 인간사를 포함해서 세상의 모든 것들은 몇 가지 범주들로 나뉘어 서로 연결될 수 있고 같은 범주에 속하는 것들 사이에는 서로 상관관계가 있다고 보는 생각입니다. 다산이 음양오행 이론을 거부한 것도 근본적으로는 상관적 사고에 대한 거부였어요. 그의 비판의 시작은 성리학의 주장과는 달리 음과 양이 세상 모든 것의 원천일 수 없다는 겁니다. 그는 『중용강의보』에서 "음과 양이란 이름은 햇빛이 비추고 가려지는 것에서 나왔고," 본래부터 체(體)와 질(質)이 없으며 단지 밝음과 어둠만 있어서 만물의 부모로 생각할 수 없다고 주장합니다.

오행 이론에 대한 비판은 "오행이란 만물 중 다섯 가지 사물(物)에 불과"해서 그것들은 다른 것들과 마찬가지로 사물일 따름이라는 거예요. 따라서 이 같은 다섯 행(行)들로부터 세상의 모든 것들이 나왔다고 생각하기가 힘들다는 거죠. 그는 서양의 4원소 이론의 영향을 받아 오행의 다섯이란 숫자가 단지 임의적인 것일 뿐 절대적일 수 없다고 말합니다. 다시 말해, 이 세상 모든 사물과 현상을 이루는 기본적인 행 또는 원소의 숫자가 반드시 다섯이어야 할 필요가 없다는 거죠. 홍문화 선생도 다산이 서학관계의 저술을 통해 서양의 실증적 병리생리설, 서양본초학 등의 존재와 아울러 그 우월성을 알게되었다고 해요. 그와 같은 인식이 그런 신지식에 대한 욕구와 실사구시의 동기가 되었을 것이라고 말합니다. 이어서 "후에 다산이 저술한 「의령」 가운데 신랄 기발한 한의학 비판이 있음을 보인다."는 겁니다.

다산은 두 권의 의서를 저술한 것으로 알려져 있어요.

『마과회통』과『촌병혹치』인데, 앞에 것은 정적들부터 천주교인으로 몰려 동부승지를 사임하고 황해도 곡산이란 조그만 마을의 부사로 가게 되어 그곳에서 저술한 것입니다. 다산은 백성들이 질병으로 고생하거나 죽어가는 모습을 못내 안타깝게 여겨 홍역을 치료하는 데 큰 도움이 되는 책을 저술하게 된 거죠. 이 책의 서문에는 오늘날 의사들의 마음을 서늘하게 만드는 내용이 들어 있어요. "아아! 병든 사람에게 의원이 없어진 지 오래되었다. 모든 병이 다 그렇지만 홍역이 더욱 심한 것은 어째서인가. 의원이 의원을 업으로 삼는 것은 이익을 위해서다. 홍역은 대개 수십 년 만에 한번 발생하니 이 홍역 치료를 업으로 삼으면 기대할 만한 이익이 없다고 하여 하지 않는다."는 겁니다. 법정 전염병에 대한 국가관리의 필요성을 이야기하는 것 같습니다.

『촌병혹치』는 다산이 1801년 신유사옥 당시 장기로 유배가 있는 동안 집에서 보내준 의서 몇 권과 한 상자의 약초를 가지고 자신의 병을 다스리고 있을 때, 묵고 있던 집의 아들이 의서 내용을 소개해주길 간청해서 기록한 것입니다. 그 당시 시골에서 병이 들면 무당굿을 하거나 듣지 않으면 뱀을 먹기도 하고 그래도 듣지 않으면 죽을 수밖에 없었다는 거죠. 그런 연유로 그 지방에서 구할 수 있는 간단한 약방문을 소개해 준 자그마한 책자라고 하는데 그 내용은 전해지지 않습니다.

그렇다면 어째서 다산 같은 대석학 유학자가 의술에도 밝았을까요? 그 이유를 홍문화 선생은 "질병의 치료와 나라의 다스림은 그 이치가 동일하다."는 의유일체(醫儒一體)의 사상에 따라 백성의 질병을 치료하는 것이 그 당시의 통념이었기 때문이라고 봅니다. 그는 다산의 「의령」을 검토하면서 다산이 미신과 불합리를 타파하고 역학·예방의학·사회의학·실증의학적인 임상의술을 실천한 현대의 과학적 의학의 개조라고도 할 수 있다는 결론을 내립니다.

2. 다산의 우울증

이런 다산이 어떻게 정신분석학 쪽으로 방향을 바꿨는지 그 배경을 알아보기 위해 다산의 우울증을 먼저 살펴보려고 합니다. 라깡학회에서는 프랑스의 스크리아빈 교수와 일본의 신구 교수, 스즈키 교수 그리고 닥터 호시나와 함께 "우울증과 향락"을 주제로 하는 국제학술회의를 열었던 일이 있어요. 그때 「한(恨)의 정신분석을 통해 본 우울증의 정신역동」

을 발표했지만, 원래 계획은 일본인과 한국인의 우울증에 대한 불교와 유교의 영향을 검토해보는 일이었어요. 그런 계획이 구체화된 것은 2002년 8월 24-29일 일본 요코하마에서 열린 제12회 〈세계정신의학대회〉였죠. 거기서 신구 교수는 「마음의 자기-포함 구조의 역사」를 발표했고 저는 「프로작과 유학의 윤리학」을 발표하게 되었어요. 그 논문이 "Depression and neo-Confucian ethics"란 제목으로 아일랜드 잡지인 *The Letter* 2005년 여름호에 실리게 되었지요. 그러나 라깡의 임상 정신분석에서는 우울증을 **임상 구조**로 인정하지 않아요. 신경증적 우울증이란 진단은 없어요. 우울증을 **도덕적 결함**에 의한 현상이고 **슬픔**으로 간주합니다.

박석무 선생은 저서의 앞부분에서 이렇게 묘사합니다. "다산은 그가 살아가던 세상을 온통 썩고 부패한 시대라고 규정했다. 어느 것 하나 병들지 않은 분야가 없다고 탄식했다. 세상은 썩어버린 지 이미 오래며, 썩어 문드러졌다고 그는 거듭 개탄했다." 따라서 그는 "전 생애를 통하여 이 병들고 썩은 세상을 치유하기 위해 온갖 방책을 강구하는 500권이 넘는 저술을 남겨" 놓게 되었다는 겁니다. 다산은 정조 임금의 갑작스런 붕어와 함께 정치적 음모와 한 대신의 사적인 감정의 희생물이 되어 기약도 없는 18년간의 유배를 당했던 탄압받는 지식인이었어요. 한 집안이 온통 범죄에 연루되는 처절한 비운을 당해 분노와 억울함, 실의와 좌절의 수렁과 공포증 속에 깊이 빠져있던 상태였지요. 더구나 다산은 귀양지에서 어린 막내의 죽음과 또한 자신보다 더 훌륭한 학식과 인품을 지니고서도 더 외롭고 쓸쓸하게 유배지에서 세상을 떠난 둘째형 정약전의 부음에 통곡해야 했어요. 그러면서도 병들고 굶어 죽어가는 백성들의 참담한 모습에 살고 싶은 의욕마저 상실할 지경이었다고 합니다. 그런 그가 우울증에 빠졌으리라고 생각하는 것은 당연한 유추겠죠.

채제공과 정조가 죽은 뒤 잠시 고향에 내려가 자신의 서재의 이름을 여유당(與猶堂)이라 붙였어요. 오죽했으면 그가 여유라는 "이 두 마디 말은 내 병을 고치는 약"이라고 했을까요. 『노자』에 나오는 여유란 말은 "망설임이여, 겨울에 시냇물을 건너듯 하고, 경계함이여, 사방에서 엿보는 것을 두려워하듯 한다"는 뜻입니다. 임상가에게 이 말은 그가 그 당시 편집증적인 일면을 보여주는 거라고 생각되는군요. 하긴 프로이트는 철학을 "편집증적 담론"에 비유하며 불신했어요. 하지만 라깡은 논리적 사고체계로서 편집증 세계로 뛰어들었습니다.

정신분석의 역사를 들여다보면, 19세기 말에 비엔나와 파리에서 기승을 부리던 히스테리가 오늘날에는 사라진 것처

182

럼 보이지만 실은 그렇지 않다는 겁니다. 오히려 우울증이란 형태로 더욱 흔히 경험되고 치료되고 있다는 거예요. 우울증으로 치료되는 현대 신경증적 갈등의 정신적인 원인이 무의식에서 유래되지 않는 것처럼 보일 뿐입니다. 이렇게 신체를 통해 다시 나타나고 있는 무의식은 기존의 분석치료에 강력히 저항하고 있어요. 그들은 분석치료로부터 정신약물학으로 옮겨가게 되었다고 해요. 자신의 불행에 대한 원인을 되돌아보는 분석치료 대신에 동종요법에 의존하고 있다는 겁니다.

오늘날 수많은 철학자들을 괴롭히는 문제들이 철학적인 혼동의 증상으로 나타나는데, 비트겐슈타인은 그것을 **영적인 병**에 비유하고 있어요. 이런 영적인 병을 정신의학의 문제로 취급하는 것은 실존적인 문제를 뇌화학의 형태로 환원시키는 일이 된다고 하네요. 라깡의 의미로 치료는 당연히 철학적 관심을 끌어내게 됩니다. 라깡은 강렬한 몸짓으로 철학을 정신분석의 현장으로 데려왔어요. 특히 그는 말년에 철학자인 알랭 바디우 교수에게 철학적 영웅이 되었다고 해요.

라깡의 정신분석에서는 욕망에 굴복하게 될 때 우울해진다고 말해요. 욕망을 따른 대가로서 자신의 결여를 메우게 되는데 그 덮개를 찾아나서는 것이 우울증의 방식이라는 겁니다. 초자아가 주체로 하여금 자신의 욕망에 굴복하도록 요구하는 것이 바로 프로이드가 분석하고 있던 문명에서 불편함(malaise)의 원인이 되죠. 그러나 욕망에 따를지라도 초자아에게는 숨기지 못해 죄책감을 유발하게 되고 우울감이 나타나게 됩니다. 그것을 도덕적 무기력(lâcheté morale)이라 불러요.

미국의 언어와는 달리 우리말의 감정어에는 슬픔의 범주와 우울의 범주가 따로 분화되어 있지 못해요. 또한 거의 모든 감정어들이 순수한 우리말로 되어 있는데, 우울에 관련된 단어들은 모두 한자어예요. 따라서 우울이 우리의 고유한 감정이 아니라 훗날 학습된 감정일 것으로 추정되기도 해요. 논어에서 사마우(司馬牛)가 군자에 대해 묻자, 공자께서 군자는 불우불구(不憂不懼)라고 대답하세요. 그런데 레게(Legge)는 불우불구를 "슬픔과 두려움이 없는 것"으로 번역하죠. 이처럼 우(憂)는 영어로 슬픔이나 불안으로 번역되고 있어요. 우리말의 우울증도 한자로는 憂鬱症이라 써요. 한형조 교수는 인간이 본래 갖춘 인간 속의 사랑하는 능력을 발휘하지 못하면 인간은 신경증과 무력감, 그리고 파괴적인 성향을 나타낸다고 말해요. 그것은 성장을 저지당한 질병의 징후라는 거예요.

프로이드가 내버린 신경쇠약이란 개념과 피에르 쟈네가

묘사한 **정신쇠약**이란 개념으로부터 유래된 우울증은 신경증도 아니고 정신병도 아니며 멜랑콜리아의 한 형태도 아니라고 해요. 우울증은 피곤함과 결손과 인격의 약화로 생각되는 어떤 상태를 가리키는 허약함이죠. 무의식의 주체라는 프로이트의 개념을 대신하여 우울한 개인들의 심리학적 개념이 그 자리를 차지하게 되었는데, 그들은 자신의 무의식을 회피하면서 자신의 모든 갈등의 본질을 지워버리는 데에 관심을 두고 있어요. 분석치료의 결과에 대한 실험적인 평가에서는 영혼이 한 가지 사물로 환원되어 버리죠. 또한 경제적인 세계화운동으로 표현되는 우울한 사회에서는 사람들을 대상으로 바꿔버려 더 이상 죄책감에 대한 이야기라든가 개인적인 의미, 양심, 욕망 혹은 무의식에 대한 이야기를 들으려 하지 않는 거예요.

다산이 유배지인 강진에서 자신의 경학공부를 마무리하던 1815년은 다산의 사유에 있어서 가장 중요한 시기라고 봅니다. 다산이 『심경밀험』을 끝내면서 자신의 철학체계를 완성했다고 선언하기 때문이죠. 다산은 『심경밀험』의 서문에서 "『소학』으로는 그 외면을 닦고 『심경』으로는 그 내면을 다스린다면, 아마도 현인이 되길 기대하는 일에 방법이 있을 것이 아닐까?"라고 말했습니다. 특히 그 서문은 "내 자신이 체험한 것으로 스스로를 경계한 것"이라 하기 때문이죠. 뒤이어 다산은 "오늘부터 죽는 날까지 마음을 다스리는 방법에 힘을 다하고자 하며 경전을 연구하는 작업은 이 『심경』으로 마무리를 짓고자 한다. 아! 이것을 실천할 수나 있을까? 1815년 5월 그믐, 다산의 동암에서 쓴다."라는 말로 끝내고 있어요.

바로 그 『심경밀험』에는 오늘날의 우울증을 묘사한 것 같은 대목이 나옵니다. "한 사람이 오늘 양심을 저버리는 일 하나를 하고 다음날 양심을 저버리는 일 하나를 하면, 시름겨운 모습으로 내면에서 저지하고 두려운 모습으로 내면에서 꺼림칙해하는데도, 자신을 해치면서 '나의 일은 이미 글렀다'고 말하고 자신을 버리면서 '나에게 다시 무슨 가망이 있겠는가?'라고 말한다. 의지는 그 때문에 쇠약해지고 기운은 그 때문에 꺾여서 오그라드니, (…) 초췌하게 시들면서 쓸쓸히 죽음에 이른다."[1]

다산은 『심경』에 주석을 달기 전에 「심성총의」라는 작은 논문 하나를 작성해 놓습니다. 여기서 다산은 기존의 심성론

---

[1]   有一夫焉, 今日行一負心事, 明日行一負心事, 欿然內沮 怛焉內疚 自棄則曰吾事已誤, 自棄則曰吾復何望, 志爲之衰苶, 氣爲之摧蹙 (…) 憔悴枯萎, 索然以就死. 『心經密驗』 2: 26

을 조목조목 비판하면서 자신의 고유한 심성론을 매우 체계적으로 피력해 놓고 있어요. 이런 심성론이 다산의 나이 66세 무렵에 더욱 다듬어진 형태로 세상에 다시 나타나게 되는데, 그것이 바로 『매씨서평』(梅氏書平)의 후반부에 실려 있는 「염씨고문소증초」(閻氏古文疏證抄)란 글이죠. 『심경밀험』의 서문에서처럼 다산 자신이 체험한 것이라서 그럴까요? 『심경밀험』의 묘사와 겹치는 부분이 꽤나 있어요. 하지만 그 부분을 강조할 겸 있는 그대로 옮겨봅니다.

오늘 마음에 위배되는 일을 하나 행하고 내일 마음에 부끄러운 일을 하나 행하여 마음에 부끄러운 줄을 알면서도 억지로 얼굴빛을 태연하게 하려고 억누르면, 마음이 실제로 기운이 떨어지며 회피하는 말로 변명한다. 재앙이 쌓이고 허물이 모여 심성을 해치면서 심기가 날로 꺾이고 날로 위축되고 날로 비열해지고 날로 어두워져서 파리한 모습으로 몸이 연약해지고 메말라 위축된다. (…) 저 재앙을 쌓은 사람의 심체는 반드시 마르고 초췌하여 그 힘없이 늘어져 고달픈 모습이 슬퍼할 만할 것이다.[2]

특히 "마음에 위배되는 일"과 "마음에 부끄러운 일"이란 표현은 라깡의 도덕적 무기력을 연상시켜줍니다. 더구나 마음에 부끄러운 줄 알면서도 얼굴빛을 태연하게 하려고 억누르면 기운이 떨어지면서 "회피하는 말로 변명"하게 되더라는 겁니다. 신경증 발생의 주요 기제인 억압 내지 억제를 설명하는 것 같죠. 또한 그런 사람의 심체는 "슬퍼할 만한 것"이라고 하여 "슬픔을 우울증으로 인정한다"는 라깡의 말을 떠올리게 해줍니다.

3. 마음을 다스리는 방법

다산은 『맹자요의』에서 마음이 만사의 근본이라며 마음에 병이 있으면 말이 병들고, 말이 병들면 행위가 그렇게 된다고 말했습니다. 다산은 조선 유학사에서 보기 드물게 탁월한

---

2   今日行一負心事, 明日行一愧心事, 心覺忸怩, 而强顔以壓之, 心實沮喪, 而遁辭以文之, 積殃集咎, 以殘心性, 則心氣日摧日蹙日鄙日昏, 悴悴然劣弱枯萎 (…) 彼積殃者之心體, 必瘠羸憔悴, 茶乎其低垂, 可悲也. 『梅氏書平』「閻氏古文疏證抄」4: 24-25

언어감각을 소유하고 있었다고 해요. 그런 다산이 1795년 주문모 신부의 사건에 연루되었다는 무고가 들어왔지만 정조 임금의 배려로 동부승지에서 금정찰방으로 좌천되어 갔어요. 거기서 다산은 퇴계 선생의 서책을 얻어 "마음을 가라앉히고 차근차근 실마리를 찾듯" 읽게 되는데, 그때 "이상스럽게도 정신이나 기운이 편안해지고 뜻이나 생각이 가라앉아 혈육과 근맥이 모두 안정됩니다. 안도감이 들면서 예전의 조폭스럽고 발월(發越)하던 기운이 점점 사라지니 이 한 부의 책이 이 사람의 병증에 맞는 약이 아닌가 생각됩니다." 다산은 그때 이미 글치료(bibliotherapy)를 경험한 것 같습니다.

자기 자신에게 엄격한 유학자가 자신의 우울한 심정을 토로할 수 있는 길은 오로지 시작품뿐이었을 것 같습니다. 저는 「우울한 시대의 시치료」라는 제목으로 "다산 정약용의 치료시"를 소개한 바 있어요. 다산의 시작품에서는 계속된 우울상태를 읽을 수도 있고 간혹은 극심한 우울증을 내보이기도 해요. 이윽고 강진읍내의 아전 자제들이 다산에게 글을 배우려고 찾아오기 시작합니다. 그러면서 그는 차츰 우울상태에서 벗어났던 것 같아요. 그는 토담집 노파의 주막을 서재로 삼고 그 방 이름을 "사의재"(四宜齋)라 지었어요. 생각은 마땅히 맑아야 하고 용모는 마땅히 엄숙해야 하며 언어는 마땅히 과묵해야 하고 동작은 마땅히 후중해야 한다는 뜻이랍니다. 이렇게 다산은 본격적으로 내성(內省)을 시작하게 됩니다.

강진에서 유배생활 5년째 되던 해부터 그는 주막집의 토담방에서 벗어나 행동이 조금 자유스러워져요. 그 근처의 백련암에서 혜정선사와 만남으로써 다산은 상례연구의 산실이었던 '사의재'로부터 『주역』 연구의 산실인 고성사로 옮겨가게 되었어요. 그 뒤로도 초의선사와 추사와의 만남을 통해 그의 생활영역은 시와 술, 『주역』과 『논어』, 차와 다인(茶人)으로 확대되어 갔습니다. 이렇게 그의 생활은 학문연구에 몰두할 수 있는 조건이 갖춰져 가고 있었어요. 그러던 어느 겨울날 큰아들이 보은산방으로 다산을 뵈러 천리길을 찾아왔어요. 장성한 아들과의 만남을 읊은 시작품에서 그의 공격성은 원한(怨恨)으로부터 정한(情恨)으로 옮겨갔던 거예요. 바로 이것이 시치료의 자가-치료적인 효능이죠. 박석무 선생의 『다산 정약용 유배지에서 만나다』는 우울증을 앓는 시인의 시치료에 관한 정밀한 보고서처럼 보입니다.

다산은 『심경밀험』의 서문에 "오늘부터 죽는 날까지 마음을 다스리는 방법에 힘을 다하고자" 한다는 말을 했습니다. 특히 "마음을 다스리는 방법"(治心之術)은 축어적으로 보면 오늘날 분석치료나 정신치료의 테크닉을 의미하는 것 같아요.

다산은 현인이 되길 기대하는 방법이 있을 것 같다면서 자신의 일생을 되짚어 돌아보니 "늙음의 대가가 단지 이것에 있는 것이 아닐까" 하고 종결할 수 없는 분석을 우회적으로 서술하고 있는 것 같아요.

다산은 주희의 성즉리(性卽理)라는 개념을 비판하면서 본성이 기호(嗜好)라는 성기호설(性嗜好說)을 주장합니다. 다산 심성론의 핵심이 되는 성기호설은 동시대의 지식인들에게도 매우 낯선 해석이죠. 주자를 대표로 하는 신유학은 성을 우리 인간에게 내재되어 있는 태극의 원리로 이해하고, 마테오리치는 성을 인간의 형상인(formal cause), 즉 인간의 본체를 가리키는 개념으로 이해하고 있어요. 하지만 다산의 성기호설에 따르면 성은 본체나 실체가 아니라 우리 마음이 가지고 있는 기호작용이라는 거예요.

다산은 인간에게 윤리적인 책임을 묻기 위해 자유의지로서의 권형(權衡)이란 개념을 도입합니다. 따라서 다산은 주희의 순선무악(純善無惡)한 본연의 개념을 거부하고 신유학적 본연지성을 비판하죠. 오히려 천명지성을 통해 상제라는 개념을 끌어들여요. 하지만 이 상제라는 개념이 마테오리치의 초월적이고 절대적인 천주라기보다는 "내 마음의 도심의 명령으로 들려오는 강림의 상제"를 의미해요. 또한 신독공부를 통해 하늘을 섬긴다고 하는데, 여기서 신독(愼獨)이란 "자신만이 홀로 아는 일에 삼가기를 다하는" 공부를 말하죠. 이 말은 무의식적 지식의 추구를 연상시켜줘요. 다산은 독(獨)이란 개념이 주체의 내면을 의미하는 것으로 봤던 겁니다. 다산은 신독이 자신의 내면에서 허물과 과오를 꾸짖는 목소리, 즉 양심의 발현에 귀를 기울이는 공부라고 본 거예요. 또한 상제의 신명과 인간의 영명한 마음이 직통(直通)·상감(相感)한다는 다산의 말에 의하면 인간이 상제와 만날 수 있는 마음의 내재적 공간을 마련하기 위해 고심했던 것이라 해석되기도 해요. 여기에 이르면 하나님의 또 다른 이름인 대타자를 떠올릴 수도 있어요. 대타자는 라깡의 정신분석 치료에서 욕망과 함께 매우 중요한 개념이죠.

올바른 수양을 위해 다산이 제기한 세 가지 방법은 위에서 말한 신독, 그리고 강서(强恕)와 중용(中庸)입니다. 먼저 중(中)은 신독을 통해 집중하려는 평상시의 수양공부를 의미하고 용(庸)은 어떤 사태가 개입된 구체적인 삶 속에서 도심이 명령하는 선을 지속적으로 실현하려는 실천의지를 의미해요. 여기서 실천의 주체와 지속성이 용 개념의 의미를 잘 드러내 주고 있어요. 하지만 구체적인 실천원리는 서(恕)를 통해 완성된다고 하죠. 다시 말해 "힘써 서를 실천함으로써 인을 구한다"(强恕以求仁)는 겁니다. 인은 타인을 향한 사랑을 의미하기 때문에 대인관계를 포함하게 됩니다.

또한 하나의 마음으로 다른 마음을 다스린다는 극기복례(克己復禮)가 요구되고 있어요. 인(仁)을 구하는 자는 반드시 서(恕)해야 하고 서를 하려는 자는 반드시 극기해야 한다는 거죠. 다산은 서의 원리를 통하여 내가 타인을 사랑하게 되는 과정에서 불가피하게 자신의 사적인 욕구, 즉 인심의 욕구를 억누르고 통제해야 하는 시련을 겪지 않을 수 없다고 보았어요. 이것이 바로 극기의 주된 의미죠. 서라는 실천원리가 극기로 상징되는 자기 수양의 문제와 인으로 상징되는 타인에 대한 사랑의 문제를 서로 매개하게 됩니다. 이 점이 바로 서라는 실천원리가 다산의 전체 수양론에서 중요한 자리를 차지하게 되는 이유이기도 해요.

다산은 결혼 60주년을 맞는 바로 그날 아침에 조용히 눈을 감았습니다. 회혼을 앞두고 회혼을 기념하는 시 한 편을 남겼어요. 이것이 바로 다산의 유언이자 일생을 정리한 마지막 작품이었지요. 그 작품 속에 "슬픔은 짧고 즐거움은 길었으니"라는 구절이 나옵니다. 생을 정리하는 순간에 다산은 자신의 부부가 얼마나 화목하고 다정한 사이였는지 과시라도 하듯 목란사(木蘭詞) 읽는 소리가 더욱 다정했다고 서술합니다. 뿐만 아니라 "그 옛날 붉은 치마에 유묵 아직 남아 있네"라고 하여 그 유명한 하피첩(霞帔帖) 얘기까지 꺼내면서 두 사람의 은근한 사랑의 표시를 두 아들에게 넘겨주겠다고 합니다. 이것이 바로 "힘써 서를 실천함으로써 인을 구하는" 출발점인 거예요.

4. 다산의 무의식 개념

다산은 성리학을 근본적으로 비판하면서 공맹의 원래 유학인 수사학(洙泗學)으로 회귀할 것을 주장합니다. 라깡도 기존의 정신분석학이 보여 온 오류를 교정하기 위해 프로이트로의 회귀를 주장하는 공통점을 보이고 있습니다. 조선 유학사에서 탁월한 언어감각을 소유한 다산의 지언(知言)과 선언(善言)에 관한 논의에 이르면 라깡의 능변(bien-dire)을 떠올려줍니다. 성즉리(性卽理)와 심즉리(心卽理)를 거부하는 다산의 성즉기호(性卽嗜好)는 라깡의 성향(tendance)과 일치하고, 특히 『맹자』의 진심장구 편에 나오는 성명(性命)에 관한 논의에서 라깡의 욕망론을 읽어낼 수 있어요.

방인 교수는 "『주역』과 현대가 만날 수 있는 가장 의미

있는 접점은 다름 아닌 기호론적 관점이라고 생각한다."는 겁니다. 주역은 괘(卦)로 구성되어 있고 그 괘는 "일종의 그림문자이면서 동시에 기호의 일종"이기 때문이라고 하죠. 이처럼 『주역』은 기호로 구성된 체계이기 때문에 기호학적 시각을 통해서 봐야 『주역』의 성격을 명확하게 파악할 수 있다고 해요. 다산의 해석방법으로서 새로운 방법론인 역리사법(易理四法)은 추이와 물상(物象), 호체(互體), 그리고 효변입니다. 다산은 그 가운데에서 물상이 가장 중요하다고 해요. 그 나머지 세 가지 방법은 물상을 바르게 파악하기 위한 보조 역할이란 거예요 하지만 방인 교수는 물상을 의미론의 영역으로 봅니다. 한편 괘와 괘 사이의 관계를 설명하는 그 나머지 셋은 **통사론**의 영역으로 보고 있어요. 다산은 역리사법을 통해 괘들 사이에서 무한한 기호들의 연쇄를 만들어내는 모습을 보게 됩니다. 이때 추이(推移)는 환유를 연상케 해주고 효변(爻變)은 은유를 연상시켜줍니다. 이러한 역해석은 결합과 치환이란 시니피앙의 두 가지 움직임이 무한한 시니피앙들의 연쇄를 만들어내고 무의식을 활성화시켜 무의식의 주체란 효과를 가져오는 과정을 보여주고 있어요.

특히 다산은 『주역』에 관한 연구에서 그 나름의 무의식 개념을 알려주는데, "기호학적이고 구조주의적 해석방법을 통해 『주역』 계사의 의미를 객관적으로 탐구하고자" 했던 것으로 평가되고 있습니다. 뿐만 아니라 역사(易詞)에서 운(韻)을 쓰는 방법이 다른 경전에 비해 가장 엄격하고 정밀하여 운을 잘 살펴야 구절을 잘못 끊어 읽는 착오 없이 경전의 뜻을 제대로 밝힐 수 있다고 해요. 다산은 그 방면에 엄밀하여 마치 라깡의 "구두점 찍기"와 "운료"(韻了, scansion)를 예시해 주는 것 같습니다.

다산이 주역의 해석을 알기 쉽게 보여준 사례에서 우리는 시니피앙의 연쇄 고리가 얼마나 중요한 역할을 하는지 알게 됩니다. 의미는 오직 한 가지 시니피앙에서 찾아지는 것이 아니라 의미작용의 연쇄 고리를 따라 시니피앙들 간의 활동 내에서 찾아진다는 라깡의 이론을 떠올리게 해줘요. 구조주의 언어학자인 소쉬르에게서 의미작용은 깨질 수 없는 결합이라서 시니피앙과 시니피에는 동전의 앞뒤처럼 분리될 수 없는 거였죠. 하지만 라깡에게 시니피앙은 논리적으로 시니피에를 선행하고 일시적으로 시니피에가 만들어지더라도 이런 시니피에는 시니피앙 밑으로 한없이 미끄러져간다고 합니다.

더구나 호체와 효변을 곁들이면 의미작용 뿐 아니라 의미화 연쇄로 연상해갈 수 있어요. 우번(虞翻)이 역학사에 남긴 공헌을 잊을 뻔했는데, 다산이 효변의 방법론을 다시 되살

려낸 것입니다. 방인 교수는 아예 "역해석의 올바른 통로는 반드시 효변에서부터 시작한다"고 말해요. 효변을 통해서만 이 역의 괘상을 정지된 것이 아닌 운동하는 것으로 파악할 수 있기 때문이라는 거죠. 변동하는 현실의 모습을 기호로 치환한 것이 역상(易象)이거든요. 역의 진정한 해석방법론이라면 역상을 다시 움직이게 만들지 않으면 안 된다는 거예요. 이처럼 역괘사의 9와 6이 정지된 양획(陽畫)과 음획(陰畫)을 의미하는 것이 아니라는 것은 "아무도 생각할 수 없었던 획기적인 발견"으로서 발상의 전환이라고 다산을 평가해요. 주역의 다른 모든 방법론들은 이 효변법과의 결합을 통해서 그 위력을 발휘할 수 있다고 봐요. 따라서 방 교수는 효변을 진정한 변증법적 방법론의 출발이라고 불러요.

이처럼 추이와 호체와 효변이 결합하게 되면 무한한 시니피앙의 연쇄인 **의미화 연쇄**(chaîne signifiante)가 만들어집니다. 의미화 연쇄란 서로 연결된 일련의 시니피앙들을 지칭해요. 이런 의미화 연쇄는 결코 완성될 수 없는데, 그 까닭은 욕망의 영원한 성질을 표현하는 방식이라서 언제나 다른 시니피앙들이 무한히 첨가되기 때문이에요. 이런 이유로 욕망은 **환유적**이죠. 연쇄는 환유적으로 의미를 생산하거든요. 의미작용은 연쇄의 어떤 한 지점에 있지 않고 오히려 의미는 한 시니피앙에서 다른 시니피앙으로 이동하면서 강제됩니다.

라깡은 "무의식이 언어처럼 구조화되어 있다."고 말하지만 그것만으로는 충분치 못해요. 나지오 교수는 "무의식은 반드시 … 시니피앙의 논리에 복종해야 한다."는 말을 덧붙여야 한다고 말하죠. 시니피앙들은 서로 간에 **결합**(환유)과 **치환**(은유)이라는 이중의 움직임에 종속된다는 거예요. 환유는 고리들을 연결해 만든 연쇄처럼 시니피앙과 시니피앙을 연결하여 일자(一者, l'Un)의 주변에 하나의 시니피앙을 내보낼 수 있는 힘이 생깁니다. 은유는 치환이라는 기제 덕분에 위임을 만들어내요. 바로 이 기제 덕분에 무의식은 은유적인 시니피앙의 형태로 나타나게 되죠. 결합과 치환이라는 시니피앙의 두 가지 움직임이 구조를 끊임없이 활성화시켜요. 무의식은 향락의 힘으로 작동되어 "은유적 시니피앙"이란 열매와 "무의식의 주체"란 효과를 가져오게 됩니다. 환유를 생각나게 해주는 추이와 은유를 연상시켜주는 효변을 통해 의미화 진술이 계속적으로 갱신될 수 있어요. 그것은 부단한 **능동적 과정**인 무의식을 그대로 닮은 거죠. 그래서 한때 무의식을 형성하고 있는 시니피앙을 능기(能記)라고도 불렀던 거예요.

현행진술(le dit)과 **잠재진술들**(les dires)이란 개념을 이용해서 무의식에 대해 다시 설명해볼까 해요. 일자로 기능하는 사건은 분석수행자가 자신도 모르게 언술된 현행진술이고 다른 시니피앙들의 연쇄는 잠재진술들의 집합이 되는 거예요. 잠재진술이란 "말해지길 기다리거나 이미 말해진" 진술들이라서 "잠재적이고 무의식적인 상태"예요. 따라서 **의미화 진술** (le dit signifiant)은 무의식의 행위화이고 무의식은 현행진술의 행위 속에 존재하는 거죠. 라깡은 특히 명명하고 기록하는 것을 좋아해서 공식화하고 문자와 숫자와 이름을 붙입니다. 그는 현행진술을 S1이라 쓰는데, 그것은 영원히 하나이고 시니피앙이라서 S라고 쓰는 거죠. 사슬로 연결되어 있고 억압되어 있는 잠재진술의 집합을 S2라고 써요. 정신분석은 무의식을 어떻게 행위화하는지 보여주는 의미화 한쌍인 S1/S2의 이론을 세우게 됩니다.

라깡은 1950년대에 **프로이트로의 회귀**를 시작하면서 무의식이 단순히 의식의 반대가 아니라는 것을 주장합니다. 이렇게 무의식 개념에 대한 프로이트의 독창성을 강조하고 있어요. 또한 라깡은 무의식을 단순히 본능의 자리로 환원시키는 대부분의 프로이트의 추종자들이 무의식을 잘못 이해하고 있다고 신랄하게 지적해내죠. 그러니까 무의식은 원초적인 것도 아니고 본능적인 것도 아니며 원래부터 언어적이라는 거예요. 라깡은 "우리는 무의식이 말로 표현되어 그 부분이 설명될 때

마침내 무의식을 파악할 수 있을 뿐"이라고 주장해요. 그렇게 해서 자신의 언어학적 접근을 정당화하고 있습니다.

더구나 다산이 라깡보다 150년 전에 라깡의 무의식적 지식인 사브와르(savoir)에 대해 이야기했다면 놀라운 일이지 않겠습니까? 다산은 유학의 입문서인 『대학』에서 주희의 8조목과는 달리 "격물치지"를 빼버리고 6조목으로 정리합니다. 따라서 다산은 『대학』의 첫 단계를 성의(誠意)로 보는 거예요. 이 성의를 이해하는 방식이 서로 달라서 흥미롭죠. 중국계 미국인 교수 왕칫찬은 성의를 "의지의 성실함"(sincerity of the will)으로 번역해요. 심지어 『정약용』(Chŏng Yagyong)이란 책을 쓴 마크 세튼 교수도 왕 교수와 똑같이 "의지의 성실함"으로 기술하고 있으니까요. 하지만 다산은 『대학공의』에서 '성의'의 '의'(意)를 "마음 가운데 숨겨진 생각"(中心之隱念)이라고 풀이합니다. 그래야 그 다음 단계인 정심(正心, rectification of the mind)에 이를 수 있다는 거예요. 그 이후의 4단계는 여러분이 잘 아는 "수신제가 치국평천하"입니다.

운명이란 개념을 꺼려하던 다산은 죽음의 그림자와 함께 18년간의 귀양살이라는 엄청난 시련과 쓰디쓴 슬픔을 체험하면서 은연중에 어떤 불가사의한 운명의 힘이 작용하고 있음을 깨닫게 됩니다. 여기서 다산은 성리학의 이기론(理氣論)

을 해체시키는데, 바디우(Badiou)의 개념인 주체구성과 내재적 단절을 경험하게 되는 것으로 생각됩니다. 유배처럼 일상적인 행동방식으로 설명할 수 없는 여분의 것을 **사건적 추가**라 부르는데, 그 덕분에 다산은 새로운 존재방식을 결정하게 되었어요. 그 사건적 추가가 추구해가는 구체적 경로를 진실이라 부르고 그 진실이 내재적 단절이 되는 겁니다. 그런 상황에 놓이는 것이 인간의 운명이죠. 그 사건에 충실했던 다산은 진리의 과정을 밟아가는 사람으로서 그 과정 이전에는 존재하지 않았고 그 과정 자체가 **주체**를 존재케 하는 거예요. 주체는 라깡이 정신분석에 불러들인 철학적 개념이죠. 다산은 다양한 경학연구를 통해 **주체화**라는 정신분석의 목표로 향해가고 있었어요. 다산 정신분석학의 가능성을 넉넉히 예상할 수 있습니다.

참고문헌

김영식. 2006. 『정약용 사상 속의 과학기술: 유가 전통, 실용성, 과학기술』. 서울: 서울대학교출판부.

김종주. 1994. 『사랑경쟁력』. 서울: 민, 83-99쪽.

김종주. 1992. 「우울의 언어학적 의미」. 『정신건강연구』. 한양대학교 정신건강연구소 11: 1-20.

김종주. 2005. 「우울한 시대의 시치료-다산 정약용의 치료시」. 『시와 사상』 2005년 가을호, 32-46쪽.

김종주. 2005. 「茶山 經學에 관한 라깡 정신분석학적 試論」. 『라깡과 현대정신분석』 7(No 2), 65-87쪽.

김종주. 2009. 「무의식을 통한 마음의 흐름」. 『마음, 어떻게 움직이는가』. 김종욱 편집. 서울: 운주사, 222-289쪽.

김종주. 2016. 「다산의 피로증후군과 인문학적 자기분석」. 『희망의 인문학』. 제4회 세계인문학포럼. 서울: 프로그램북, 192-201쪽.

김충렬. 1991. 「송대 태극론의 제문제」. 한국동양철학회 편. 『동양철학의 본체론과 인성론』. 서울: 연세대학교 출판부, 90-91쪽.

김형효. 1989. 『구조주의의 사유체계와 사상: 레비-스트로쓰, 라깡, 푸꼬, 알뛰쎄르에 관한 연구』. 고양: 인간사랑, 227-298쪽.

김형효. 2000. 『원효에서 다산까지』. 성남: 청계출판사.

박석무. 2003. 『다산 정약용 유배지에서 만나다』. 서울: 한길사.

박성래. 1990. 「정약용의 과학사상」. 『정약용』. 윤사순 편. 서울: 고려대학교 출판부, 327-350쪽.

방인. 1999. 「다산역학의 변증법적 이념」. 『주역연구』 제3집, 297-327쪽.

방인. 2003. 「다산역의 기호론적 세계관」. 『대동철학』 제20집, 1-27쪽.

서근식. 2004. 「다산 정약용의 역사해석론」. 『동양철학연구』 제36집, 231-257쪽.

장승구. 1998. 「다산 정약용의 역학사상과 그 실학적 의미」. 『다산의 사상과 그 현대적 의미』. 김형효 등. 성남: 한국정신문화연구원, 163-242쪽.

정약용. 1994. 『다산 맹자요의』. 이지형 역주. 서울: 현대실학사.

정약용. 2004. 『周易四箋』. 서울: 민창사.

정용환. 2007. 『장재의 철학』. 서울: 경인문화사.

조남호. 1995. 「조선에서 주기 철학은 가능한가」. 『논쟁으로 보는 한국철학』. 한국철학사상연구회. 서울: 예문서원, 129-147쪽.

한형조. 1996. 『주희에서 정약용으로』. 서울: 세계사.

홍문화. 1990. 「의약학자로서의 다산의 사상과 업적」. 『정약용』. 윤사순 편. 서울: 고려대학교 출판부, 351-375쪽.

『論語』. 1971. *Confucian Analects, The Great Learning, and The Doctrine of the Mean*(J. Legge trans.)(New York: Dover).

朱伯崑 외. 1999. 『주역산책』. 김학권 옮김. 서울: 예문서원(원본출판 1997).

Badiou, A. 1998. *Ethics. An Essay on the Understanding of Evil*(Paris: Hatier) trans. by P. Hallward(London: Verso, 2001).

Badiou, A. & Roudinesco, É. 2012. *Jacques Lacan: Passé présent*(Paris, Seuil) trans. by J. E. Smith, *Jacques Lacan: Past and Present: A Dialogue*(New York: Columbia University Press, 2014).

Chemama, R. 1993. *Dictionaire de la psychanalyse*(Paris: Larousse). 小出浩之, 加藤敏, 新宮一成, 鈴木國文, 小川豊昭 역. 『精神分析事典』(東京: 弘文堂, 1995).

Elliott, C. 1999. *A Philosophical Disease. Bioethics, Culture and Identity*. 김종주 역. 2005. 『철학적인 병』. 고양: 인간사랑.

Derrida, J. & Roudinesco, E. 2001. *De quoi demain...*(Paris: Fayard & Galilée), trans. by J. Fort, *For What Tomorrow...* (Stanford: Stanford University Press, 2004).

Deutsch, F. 1957. A footnote to Freud's "Fragment of an analysis of a case of hysteria." (*Psychoanalytic Quarterly*, 26: 159–167) In *In Dora's Case: Freud-Hysteria-Feminism*. ed. by C. Bernheimer &. C. Kahane(New York: Columbia University Press, 1985), pp. 35–43.

Evans, D. 1996. *An Introductory Dictionary of Lacanian Psychoanalysis*(London: Routledge). 김종주 외 옮김. 1998. 『라깡 정신분석 사전』. 고양: 인간사랑.

Fink, B. 1997. *A Clinical Introduction to Lacanian Psychoanalysis:*

Theory and Technique. (Cambridge: Harvard University Press).

Fink, B. 2007. *Fundamentals of Psychoanalytic Technique: A Lacanian Approach for Practitioners*(New York: Norton). 김종주 옮김. 2010. 『라깡 정신분석 테크닉』. 서울: 하나의학사.

Fink, B. 2017. *A Clinical Introduction to Freud*(New York: Norton). 김종주 옮김. 근간. 『프로이트·라깡 분석치료』. 서울: 하나의학사.

Freud, S. 1905. *Fragment of an Analysis of a Case of Hysteria*. *S.E.*(London: Hogarth, 1959) 7: pp. 15-63.

Freud, S. 1925. "Some psychical consequences of the anatomical distinction between the sexes." *S.E.* 19: p. 248.

Freud, S. 1926. *Inhibitions, Symptoms, and Anxiety*. *S.E.* 20: p. 143.

Freud, S. 1933. *New Introductory Lectures on Psycho-Analysis*. *S.E.* 22: p. 80.

Glowinski, H., Marks T., Murphy S. ed. 2001. *A Compendium of Lacanian Terms*(London: Free Association Books). 김종주 옮김. 2003. 『라깡 정신분석의 핵심용어』. 서울: 하나의학사.

Grigg, R. 2008. *Lacan, Language, and Philosophy*(Albany: State University of New York). 김종주·김아영 옮김. 2010. 『라깡과 언어와 철학』. 고양: 인간사랑.

Grigg, R. 2013. "Treating the Wolf Man as a Case of Ordinary Psychosis." *Culture/Clinic* 1:86-98.

Kim, Jongju. 2005. "Depression and Neo-Confucian Ethics." *The Letter: The Lacanian Perspectives on Psychoanalysis*, vol. 34, pp. 91-107.

Kim, Jongju. 2016. "A vicissitude of Lacanian psychoanalytic movement in Korea." *Dream and Structure: the Psychic Apparatus Linking the Pacific Rim.* Kyoto International Colloquium for Lacanian Psychoanalysis. 2014. Kyoto.

Lacan, J. 1974. *Télévision*(Paris: Seuil).

Lacan, J. 1951. "Presentation on transference." *Écrits*(Paris: Seuil, 1966) trans. by B. Fink, *Écrits*(New Yok: Norton, 2006), pp. 176-185(이하 『에크리』. 2006으로 약칭).

Lacan, J. 1953-4. *The Seminar. Book I. Freud's Papers on Technique. 1953-1954.* trans. by J. Forrester(Cambridge: Cambridge University Press, 1987).

Lacan, J. 1954-5. *The Seminar. Book II. The Ego in Freud's Theory and in the Technique of Psychoanalysis. 1954-1955.* trans. by S. Tomaselli(Cambridge: Cambridge University Press, 1988).

Lacan, J. 1955-6. *The Seminar. Book III. The Psychoses. 1955-1956.* trans. by R. Grigg(New York: Norton, 1993).

Lacan, J. 1957. "Psychoanalysis and its teaching." 『에크리』. 2006. pp. 364-383.

Lacan, J. 1957-8. "On a question prior to any possible treatment of psychosis." 『에크리』. 2006. pp. 445-488.

Lacan, J. 1958. "The signification of thr phallus." 『에크리』. 2006.

pp. 575-584.

Lacan, J. 1959-60. *The Seminar. Book VII. The Ethics of Psycho-analysis. 1959-1960*, trans. by D. Porter(London: Routledg, 1992).

Lacan, J. 1960. "The subversion of the subject and the dialectic of desire in the Freudian unconscious" 『에크리』. 2006. pp. 671-702.

Lacan, J. 1962. "Kant with Sade." 『에크리』. 2006. pp. 645-668.

Lacan, J. 1964. *The Seminar. Book XI. The Fundamental Concepts of Psychoanalysis. 1964*. trans. by A. Sheridan(London: Horgath, 1977).

Lacan, J. 1972-3. *The Seminar of Jacques Lacan. Book XX. Encore: On Feminine Sexuality, the Limits of Love and Knowledge. 1972-1973*. trans. by B. Fink(New York: Norton, 1998).

Lacan, J. 1979. "The neurotic's individual myth." *Psychoanalytic Quarterly*, 48: pp. 405-25.

Marcus, S. 1985. "Freud and Dora: Story, history, case history." In *In Dora's Case*, ed. by C. Bernheimer & C. Kahane, pp. 56-91.

Miller, J-A. 2013. "Ordinary psychosis revisited." *Psychoanalytic Notebooks*. 26, pp. 33-48.

Nasio, J-D. 1994. *Cinq Leçons sur la Théorie de Jacques Lacan*(Paris: Payot), pp. 104-105.

Needham, J. 1969. *Science and Civilisation in China*. vol. 2. *Histo-*

ry of Scientific Thought(Cambridge: Cambridge University Press).

Roudinesco, E. 1999. *Pourquoi la psychanalyse?*(Paris: Librairie Arthème Fayard) trans. by R. Bowlby, *Why Psychoanalysis?*(New York: Columbia University Press, 2001).

Olsen, OA. & Køppe, S. 1988. *Freud's Theory of Psychoanalysis.* trans. by J.-C. Delay & C. Pedersen(New York: New York University Press), p. 276.

Showalter, E. 1997. *Hystories: Hysterical Epidemics and Modern Media*(New York: Columbia University Press). In B. Fink, *A Clinical Introduction to Freud*(New York: Norton, 2017), p. 264. 김종주 옮김. 『프로이트·라깡 분석치료』. 하나의학사. 근간.

Skriabine, P. 2000. "La dépression dans la clinique psychanalytique." 『라깡 정신분석학 국제학술회의 발표문』. 서울: 라깡과 현대정신분석학회, 86 – 96쪽.

새로운 무의식에서 새로워진 나를 찾아

발행일 1쇄 2020년 4월 30일
지은이 김종주
         라깡분석치료연구소
펴낸이 여국동

펴낸곳 도서출판 인간사랑
출판등록 1983. 1. 26. 제일 – 3호
주소 경기도 고양시 일산동구 백석로 108번길 60 – 5 2층
물류센타 경기도 고양시 일산동구 문원길 13 – 34(문봉동)
전화 031)901 – 8144(대표) | 031)907 – 2003(영업부)
팩스 031)905 – 5815
전자우편 igsr@naver.com
페이스북 http://www.facebook.com/igsrpub
블로그 http://blog.naver.com/igsr
인쇄 하정인쇄 **출력** 현대미디어 **종이** 세원지업사

ISBN 978 – 89 – 7418 – 594 – 7 03100

이 도서의 국립중앙도서관 출판시도서목록(CIP)은 서지정보유통지원시스템
홈페이지(http://seoji.nl.go.kr)와 국가자료공동목록시스템(http://www.nl.go.kr/kolisnet)에서
이용하실 수 있습니다.(CIP제어번호: CIP2020014073)